Gênios

Como despertar a genialidade na
sua empresa, na sua equipe e em você

CARO LEITOR,

Queremos saber sua opinião sobre nossos livros.
Após sua leitura, acesse nosso *site* (www.editoragente.com.br),
cadastre-se e contribua com sugestões, críticas e elogios.

Boa leitura!

Gênios

Como despertar a genialidade na sua empresa, na sua equipe e em você

DR. ALAN S. GREGERMAN

Tradução:
Maria Alayde Carvalho

Editora Gente

Editora
Rosely M. Boschini

Coordenação editorial
Fernando Fernandes

Assistência editorial
Rosângela Barbosa

Produção
André Medella

Copidesque
Sandra Silva

Projeto gráfico
Neide Siqueira

Editoração
Join Bureau

Capa
RS2 Comunicação

Revisão
Adriana Cristina Bairrada

Título original: *Surrounded by geniuses*

Rua Pedro Soares de Almeida, 114
São Paulo, SP – CEP 05029-030
Telefone: (11) 3670-2500
Site: http://www.editoragente.com.br
E-mail: gente@editoragente.com.br

Dados Internacionais de Catalogação na Publicação (CIP)
(Câmara Brasileira do Livro, SP, Brasil)

Gregerman, Alan S.
Gênios : como despertar a genialidade na sua empresa, na sua equipe e em você / Alan S. Gregerman ; tradução de Maria Alayde Carvalho. — São Paulo : Editora Gente, 2008.

Título original: Surrounded by geniuses.
ISBN 978-85-7312-606-8

1. Eficiência organizacional 2. Liderança 3. Relações públicas 4. Serviços ao cliente 5. Sucesso em negócios I. Título.

08-05015 CDD-658.409

Índices para catálogo sistemático:

1. Desempenho e sucesso: Administração executiva 658.409

Para Lisa, Sara, Carly e Noah —
vocês tornam cada jornada uma fonte de maravilhas e possibilidades.

E também a todos aqueles que acreditam haver sempre uma forma
melhor de fazer o que, de fato, é importante.

Sumário

Parte II: Dez jornadas

Apresentação

Quantas vezes você chegou ao trabalho, cumprimentou seus colegas, conversou com eles na hora do café, compareceu a uma ou duas reuniões e depois se sentou diante de sua mesa dominado pela estranha sensação de estar *cercado de gênios*? Se você for igual à maioria das pessoas, sua resposta será "nunca". Essa pergunta simples, de fato, quando feita a grandes grupos de pessoas dentro das organizações, costuma causar um ataque de risos.

Quantas vezes você saiu do escritório, entrou em seu carro ou tomou um ônibus ou o metrô e depois olhou em volta e foi invadido pela inusitada sensação de estar cercado por um mundo de gênios e de *idéias brilhantes*? Se você for, como a maioria das pessoas e empresas, prisioneiro das pressões e rotinas de cada dia, a resposta também será "nunca". É de fato bem provável que, durante o trajeto de volta para casa, você veja um mundo muito mais cheio de gente agressiva no trânsito, de idiotas totais (ou parciais) e de propagandas imbecis do que veja propriamente algumas fontes de grande inspiração.

Por mais estranhas que pareçam, essas perguntas estão na base das qualidades de que as organizações de todos os tipos precisam para inovar, crescer e obter sucesso em tempos difíceis. Nesse mundo que recompensa continuamente as novas e melhores idéias, é necessário descobrir, todos os dias, meios mais efetivos de agregar valor a nosso trabalho. E a única forma de conseguir isso é a revelação de nosso gênio interior, assim como o de nossos colegas e sócios. Na verdade, nosso trabalho com organizações líderes de vários setores durante os últimos vinte anos tem demonstrado que todos nós, em circunstâncias adequadas, possuímos a capacidade de fazer a diferença – não apelando para métodos já conhecidos e costumeiros, e sim atuando em conjunto para melhorar o mundo que nos cerca *e* aprendendo a considerá-lo um lugar cheio de idéias brilhantes, fontes ilimitadas de inspiração e infinitas possibilidades que poderão transformar nossa empresa, a vida de nossos clientes e também a nós mesmos.

Tal conceito tão claro e direto está na base deste livro, e as implicações são surpreendentes. Elas sugerem que o mundo atual é muito diferente daquele que partilhávamos apenas dez anos atrás, no qual o pensamento corporativo ainda se baseia. No mundo de hoje, não apenas a inspiração pode provocar efeitos notáveis em toda parte como também todos nós temos acesso aos mesmos conhecimentos essenciais. Toda empresa pode tornar-se bem-sucedida mesmo que nunca tenha conseguido isso. Cada um de nós possui a capacidade de fazer a diferença como nunca antes. E, finalmente, as pessoas e organizações mais curiosas e criativas terão maiores chances de sobreviver. Bem-vindo, portanto, a um mundo onde todos nós estamos – simbólica e literalmente – *cercados de gênios!*

Introdução

Espero, neste livro, mostrar como você e sua organização podem vencer nos mercados mais competitivos. Isso vai ocorrer não por meio da forma comum de fazer negócios, e sim graças à descoberta da curiosidade e do talento que todas as pessoas possuem e à utilização deles para revelar seu gênio ao mundo.

O que é "gênio"?

Antes de começar, vamos refletir durante alguns minutos sobre o que significa ser um gênio. Vamos pensar em seguida na razão que torna imperativo, para todas as organizações, um desempenho brilhante. Por fim, vamos realizar uma rápida incursão em um típico ambiente de trabalho para descobrir por que é tão difícil conceber idéias que realmente façam a diferença.

Conforme sugeri na Apresentação, este livro se baseia em duas idéias importantes que têm implicações poderosas em sua vida e na vida de sua empresa.

A primeira é a de que todos nós temos potencial para ser gênios, embora quase sempre de forma diversa daquilo que pensamos sobre os grandes vultos da História. Afinal, não esbarramos todos os dias em gente de inteligência extraordinária, como Confúcio, Ptolomeu, Leonardo da Vinci, Madame Curie e Albert Einstein, nos corredores do escritório onde trabalhamos. Podemos, contudo, ser geniais de maneira muito mais importante para nosso sucesso. Cada um de nós, na verdade, tem a capacidade de se tornar conscientemente brilhante – trabalhando em conjunto na busca de novas perspectivas de solução de problemas, descobrindo meios melhores de fazer as coisas e agregando mais valor aos clientes, que contam conosco todos os dias. Basta olhar para nós mesmos e para os outros de forma um pouco diferente. Para ser geniais, precisamos apenas do *insight* certo e das circunstâncias adequadas.

A segunda idéia é a de que vivemos cercados de gênios e de conhecimento que podem ser usados para transformar praticamente qualquer organização. Isso, porém, foge um pouco da maneira como costumamos considerar as grandes idéias, o processo de criação delas e as pessoas envolvidas nisso. Afinal, a maioria não trabalha em laboratórios de alta ciência e tecnologia freqüentados por pesquisadores talentosos e cheios de computadores de última geração, mas pode igualmente ser genial de modo muito mais relevante para o próprio sucesso. Os "laboratórios" essenciais à realização de nossos propósitos estão nas ruas movimentadas da cidade, nos calmos passeios pelo campo, nos dias agradáveis no zoológico, nos espetáculos circenses, nas visitas aos museus, nas reprises de velhos seriados ou em uma análise sistemática das melhores práticas adotadas por organizações e setores de atividade diversos. Na verdade, para obter sucesso efetivo, devemos ter a abertura de nos colocar em locais cheios de possibilidades que, no entanto, são quase sempre estranhos ou pelo menos inusitados para nós – locais que de fato tenham o potencial de revelar nosso gênio interior. Bastaria que olhássemos o mundo de maneira diferente. Para identificar os gênios existentes ao nosso redor, precisamos apenas do *insight* certo e das circunstâncias adequadas.

A falha de uma impressão superficial

Há, porém, um único problema nessas duas idéias: o fato de que são contrárias à maneira como a maioria das pessoas – e das organizações – prefere considerar os outros e o mundo ao redor. Elas contrariam nosso *insight* e as "circunstâncias" em que nos encontramos como líderes, empregados, membros de uma equipe e adultos. Mas como?

Em primeiro lugar, quase sempre tendemos a ver a nós mesmos e a nossos colegas como peças de uma engrenagem cuja finalidade presumível é a manutenção do bom andamento da organização. Somos partes de um quebra-cabeça, mas raramente chegamos a conhecer seu desenho final, o que nos impede de torná-lo melhor e mais notável. Assim, quando nos perguntam sobre nossos colegas, só podemos responder: "José trabalha com finanças", "Jane é do setor de recursos humanos" ou "Carlos é vendedor". À exceção de alguns poucos amigos mais íntimos no ambiente de trabalho, os colegas representam para nós apenas papéis, responsabilidades e funções, além de ser os ocupantes de determinadas salas, escritórios ou mesas. Estão em algum lugar dessa estrutura que chamamos de "organização", em postos mais relacionados com seus deveres do que com seus talentos individuais. Nas grandes empresas, esse "algum lugar" e esses "deveres" são em geral mais específicos, mas os talentos pessoais continuam desconhecidos, e isso significa que os talentos coletivos, o verdadeiro patrimônio da organização, permanecem ocultos.

E o comportamento dessas pessoas parece confirmar nossa noção simplista. Elas procuram fazer seu trabalho da melhor forma, e para isso cumprem suas tarefas, atendem a inúmeros telefonemas, enviam e recebem *e-mails,* comparecem a reuniões, importantes ou não, e tentam apagar os incêndios mais ameaçadores. Nossos colegas raramente se permitem brincar – se "brincar" significa cantar, dançar, rir ou lançar uma profusão de idéias criativas nesse universo imutável. Eles tampouco demonstram pressa em participar de esforços para melhorar a empresa.

Nosso comportamento também confirma o conceito que os outros têm de nós. Ficamos muito satisfeitos em vê-los por perto – desde que executem suas tarefas e não nos atrapalhem nem mexam em nossas coisas. Afinal, ficaríamos muito solitários sem eles. Além disso, compartilhamos o objetivo final de encerrar o expediente sem ferimentos graves. Não podemos, portanto, imaginar que os outros estejam à espera de uma oportunidade de brilhar. Segundo nosso ponto de vista, eles talvez esperem pelo momento de sair um pouco mais cedo. Assim, a cada dia que passa, é menos provável descobrir neles algum aspecto notável que pudesse, uma vez revelado, trazer melhorias à organização. Não admira que a idéia de que estamos cercados de gênios seja tão difícil de entender e aceitar.

Não podemos também imaginar o fato de nossa organização se tornar brilhante. Afinal, ela não representa a soma de todas as pessoas comuns guiadas por um grupo de líderes que tentam desesperadamente manter seu emprego? Líderes cujas ambições não passam de modestas mudanças, pois não se arriscariam a perder o ganha-pão por causa de alguma idéia nova e extravagante... Quem se importa com brilhantismo? Basta que nosso desempenho deste ano seja um pouco melhor que o do ano passado. Isso será possível com algum esforço ou graças à iniciativa de copiar a mais recente idéia da concorrência. Acompanharemos, assim, os passos do setor e de nossa base de conhecimento, pois a inovação gera crítica, mas a familiaridade traz o sucesso.

As coisas, entretanto, não são mais assim.

Ouse falar com estranhos

Que tal se olhássemos de outro modo para as pessoas, as organizações e o mundo que nos cerca? Que tal se os considerássemos um notável conjunto de valores que, combinados, realizariam alguma coisa brilhante? E se sinceramente acreditássemos que nossos colegas são gênios latentes à espera, ansiosos, de uma oportunidade de fazer a diferença? Que tal se de fato esperássemos que eles criassem, todos os dias, inovações que nos levassem a superar a concorrência? Nesse caso, com o *insight* certo e as circunstâncias adequadas, quase tudo seria possível.

Que tal se enxergássemos a riqueza do mundo que nos cerca sob uma nova luz? E se afinal compreendêssemos que a única maneira de descobrir idéias muito diferentes é procurá-las em lugares também muito diferentes?

Como, depois de tanto tempo, "reaprender" a olhar os outros, nossa empresa e o mundo que compartilhamos através de um novo par de lentes? Em meu livro *Lessons from the sandbox* [Lições do *playground*], relato o muito que aprendi, e ainda aprendo, com as crianças e minhas tentativas de aplicar seus dons naturais em nosso universo de adultos.

Quando éramos crianças, víamos as coisas de modo diferente. Não tínhamos idéias preconcebidas sobre nós mesmos, sobre as outras pessoas nem sobre o mundo ao redor. Experimentávamos esse mundo, todos os dias, com paixão, energia, visão renovada e um forte sentido de admiração, curiosidade e honestidade. Enxergávamos uns nos outros a chance de aprender recursos novos, habilidades desconhecidas. Imaginávamos, nas coisas mais simples, infindáveis possibilidades, e as idéias surgidas em determinada circunstância eram adaptadas e usadas em outras. Nosso universo, relativamente pequeno, nos parecia imenso, pois oferecia uma infinita variedade de coisas a explorar, compreender e aplicar no que fosse mais importante para nós.

Mas, em algum ponto entre a infância e o adulto mundo do trabalho, quase todos nós perdemos a capacidade de perceber nos outros e na vida diária esse território rico e fértil, revelador de novas idéias e oportunidades – que nos ajudariam a agregar maior valor a nossos clientes. À medida que nos tornamos adultos, passamos a considerar as pessoas pelo que aparentam ser, e não pelo que poderiam ser. Passamos também a ver as coisas e até mesmo as idéias pela aparência que apresentam no contexto em que nos achamos, e não pelo que poderiam representar em um novo contexto criado para elas.

Lembro-me de um momento surpreendente ocorrido há algum tempo, quando levava minha filha Carly, então com 8 anos de idade, para a escola. Ao passarmos por um desconhecido de aparência suspeita a meus olhos adultos de pai zeloso, recomendei a ela que evitasse falar com estranhos. Esse conselho, ouvido por todos nós durante a infância, parece mais importante do que nunca no mundo incerto em que vivemos hoje em dia. "Mas papai", ela replicou com autêntica honestidade e confusão, "como poderei então fazer novos amigos? E como vou aprender coisas novas?".

Devo admitir, portanto, que este livro tem que ver com a ousadia de falar com estranhos e de conhecer lugares e situações cheios de incertezas e possibilidades. Ele tem que ver, também, com a habilidade de tirar o máximo proveito dessas possibilidades. "Seja aberto, curioso e cauteloso" – eis um conselho fundamental para aqueles que viajam a trabalho. Nem todas as idéias colhidas no exterior seriam adequadas para sua organização, mas existem lá fora mais coisas dignas de análise e compreensão do que você poderia imaginar. Deparamos, todos os dias, com as idéias certas para mudar nossa vida e a vida de nossos clientes, mas nos recusamos a dar a devida atenção a elas.

Veja um mundo de possibilidades

Falando ainda sobre a questão de pensar e agir com a abertura das crianças, quero relatar outro momento que poderia ilustrar bem o tamanho de nosso desafio como pessoas adultas e organizações. Algum tempo atrás, levei meu filho Noah, que tinha 4 anos na época, à primeira consulta ao oftalmologista. Conforme sabemos, qualquer "primeira vez" é sempre motivo de preocupação e curiosidade. Assim, durante o trajeto, Noah fez uma série de perguntas, e algumas delas demonstravam medo de sentir dor. Expliquei, então, que ninguém machucaria seus olhos, e ele se tranqüilizou.

Chegamos ao consultório e passamos à sala de exames, que logo se tornou nova fonte de curiosidade e de perguntas de meu filho. A doutora entrou, cumprimentou-nos, indagou o motivo da consulta e pediu a Noah que identificasse algumas letras e figuras contidas no cartaz destinado aos testes de visão:

> Doutora: "Vamos começar pela primeira figura".
> Noah: "É um barco".
> Doutora: "Bom. Tente a fileira seguinte".
> Noah: "Um O e um X".
> Doutora: "Muito bem. Vamos ver a próxima".
> Noah: "Uma bandeira, uma estrela e um coração".
> Doutora: "Ótimo! E a outra?"
> Noah: "Um O, um barco, uma estrela, uma xícara de chá, outro X".
> Doutora: "Vamos tentar mais uma fileira. O que é isso?"
> Noah: "Um ponto".
> Doutora: "É um pouco diferente de um ponto. Quer tentar de novo?"
> Noah: "Um ponto muito pequeno".

Doutora: "Vamos tentar outra vez. É na verdade uma forma bem comum".

Noah (após uma pausa para pensar): "Uma nave espacial".

Doutora: "Não exatamente".

Noah (após outra pausa): "É um caminhão gigante esmagando um carro?"

Doutora: "Parece alguma outra coisa?"

Noah: "Um cachorro dentro de um caminhão gigante esmagando um carro".

Doutora: "Não exatamente, mas basta por enquanto".

A figura, de fato (ou no mundo dos fatos adultos), mostrava outra xícara de chá, embora muito pequena. Mas representou, na verdade, uma fonte de frustração para Noah e para a doutora. Esse, porém, poderia ter sido um momento cheio de possibilidades, pois Noah, ao procurar os limites do que era capaz de ver claramente, alcançou o *limiar* de sua imaginação, enquanto a doutora chegou apenas à *última fronteira* da própria imaginação.

Isso é comum entre os adultos e as organizações. Estamos sempre preocupados em divisar os limites de nossa identidade, de nosso conhecimento e de nossa necessidade de saber. Por isso, raramente nos esforçamos em alcançar o limiar de nossa imaginação individual e coletiva. Como resultado, embora capazes de perceber com inteligência e clareza as possibilidades existentes em torno de nós, quase nunca nos damos a esse trabalho. Na condição de pessoas adultas e de membros de uma organização, nosso maior desafio e nossa melhor oportunidade estão na chance de enxergar a nós mesmos e ao mundo de forma diferente. Precisamos ser capazes de ver, nas xícaras de chá, naves espaciais ou caminhões gigantes que esmagam carros. Precisamos descobrir a segunda ou a terceira possibilidade. Precisamos, ainda, deixar de preferir ver as coisas apenas como elas são e começar a imaginá-las do jeito que poderiam ser.

O verdadeiro desafio aos líderes

Se este livro contém alguma outra idéia-chave, trata-se sem dúvida da noção de que a maioria dos líderes não consegue liderar – não se essa liderança significar a capacidade de levar um grupo de pessoas *comuns* a atingir resultados *extraordinários*. Se pudessem fazer isso, os líderes não reclamariam tanto da vida – nem da falta de criatividade, entusiasmo e iniciativa de seus funcionários – e aproveitariam seu tempo na criação de um contexto favorável ao surgimento da genialidade latente neles. Tudo indica que as crises e os períodos difíceis forçaram esses líderes a preocupar-se muito mais com objetivos de curto prazo e números favoráveis a qualquer custo do que com o poder que as pessoas têm de fazer acontecer coisas certas no momento certo.

Na Parte I deste livro, vamos verificar por que os indivíduos e as organizações encontram tanta dificuldade de atuar com brilhantismo. Na Parte II, faremos dez jornadas a lugares e idéias que poderão transformar seus negócios. Na Parte III, finalmente, vamos estudar a melhor forma de usar essas idéias para fazer de sua organização uma genuína máquina de inovação e de agregação de valores.

Quero agora registrar duas rápidas observações: utilizo, ao longo deste livro, os termos "organização", "empresa" e "companhia" para designar os locais onde você e seus colegas trabalham. Sei que os leitores têm as mais variadas procedências e atuam em diversos setores, públicos, privados ou comunitários. Embora eu trabalhe quase sempre com corporações, espero que aqueles que exercem outros tipos de atividade também encontrem relevância nas idéias aqui apresentadas. Emprego também a palavra "cliente" para identificar as pessoas e organizações às quais prestamos serviços. Apesar de alguns evitarem esse termo, espero que os leitores compreendam minha intenção de manter o foco em nossa capacidade de agregar a esses serviços valores realmente essenciais, que chamo até de obrigatórios. Os "clientes", portanto, podem ser cidadãos, funcionários, membros de associações em geral, pacientes, acionistas ou consumidores – e nosso dever maior é ajudá-los a se tornar bem-sucedidos.

PARTE I

O contexto

Sabemos o que somos, mas nada sabemos sobre o que podemos ser.

William Shakespeare

O gênio é feito de 1% de inspiração e de 99% de transpiração.

Thomas Edison

É possível que as organizações sejam sempre brilhantes? Essa questão tem, durante os últimos anos, intrigado e até mesmo preocupado alguns dos mais ilustres estudiosos do mundo dos negócios. Por isso estamos sempre à procura da excelência e tentamos descobrir a diferença entre ser grande e ser apenas bom, além de determinar os parâmetros que distinguem os líderes de mercado da massa indistinta da concorrência.

Mas, uma a uma, muitas empresas líderes tropeçam ou, pior ainda, se perdem no caminho. Entram em rápido declínio e passam da relevância menor para a irrelevância. Algumas chegam a desaparecer, primeiro da mídia e depois do próprio mundo dos negócios. Os modelos ontem considerados brilhantes mostram-se cada vez mais efêmeros. Os clientes mais antigos e fiéis mudam da noite para o dia, e com eles muda também nossa noção do significado de agregação de valores. A vida útil de produtos, serviços, idéias e marcas que apreciamos e respeitamos naufraga diante de nossos olhos.

Não são apenas as "três grandes" – Ford, General Motors e Chrysler – que lutam para sobreviver. Empresas campeãs mundiais, como AOL e Dell, surgem como meteoros para liderar seu setor e em seguida caem com igual velocidade. Perdida a liderança que mantinha na internet, a AOL se vê forçada a experimentar um modelo inteiramente novo de negócio baseado na realidade atual. A Dell se ressente agora da pressão exercida por inúmeros concorrentes, antigos e novos, que oferecem custo mais baixo e melhores serviços, ou ambos, e amarga todas as limitações de seu modelo de distribuição, bem menos perfeito do que foi no passado. Até as mais consagradas realidades de hoje podem ser completamente esquecidas amanhã.

Estratégias perfeitas. Inovações brilhantes. Marketing de nível internacional. Imbatíveis fórmulas de sucesso.

O que uma empresa precisa fazer?

Não pretendo, de modo algum, prever o futuro, portanto não posso dizer a você quais dentre as notáveis organizações citadas neste livro serão as líderes de mercado durante os próximos cinqüenta anos. Suponho, na verdade, que muitas delas nem sequer existirão mais daqui a algum tempo. Há muitos fatores incertos no mundo dos negócios. Mas posso, em contrapartida, predizer a natureza das pessoas, das organizações e das idéias que sobreviverão. Isso é muito simples. Gostaria também de predizer que você e sua empresa ou atividade vencerão o desafio do tempo enquanto forem capazes de agregar valores essenciais a seus clientes.

Explicarei, na Parte I deste livro, um pouco mais sobre a natureza do mundo dos negócios de acordo com a perspectiva que tenho dele – um mundo pleno de grandes desafios e de oportunidades ainda maiores de fazer coisas notáveis – e vou também sugerir as razões pelas quais falhamos com tanta freqüência na realização de nossos potenciais, além de expor os motivos que fazem da curiosidade a única arma competitiva indispensável a nossa sobrevivência no longo prazo.

CAPÍTULO 1

Os brancos nadam devagar

Como os nadadores mais lentos do planeta chegaram a dominar o mundo da natação competitiva e por que você não precisa ser brilhante para realizar coisas brilhantes.

Se observar as finais de qualquer torneio internacional importante de natação, você provavelmente verá um grupo de pessoas brancas competindo pelos prêmios principais. A maioria delas é composta de europeus ou de seus descendentes, que representam países como Holanda, França, Alemanha, Polônia, Reino Unido, Canadá, Rússia, Suécia, Ucrânia, África do Sul, Austrália, Estados Unidos e Zimbábue. De fato, entre as 32 medalhas de ouro conquistadas pela natação nos Jogos Olímpicos de 2004, 28 foram dadas a atletas brancos. As quatro medalhas restantes couberam a nadadores do Japão e da China, dois países ascendentes nesse esporte.

O fato de que os brancos ainda dominam a natação internacional não é tão extraordinário, mas as circunstâncias que favoreceram essa condição são notáveis. Até o final do século XIX, os brancos eram talvez os nadadores mais lentos do planeta e não tinham idéia do que fazer para se tornar mais rápidos. Na verdade, os melhores nadadores dessa época julgavam-se realmente bons – até que um dia a dura realidade causou-lhes um tremendo choque.

Peço permissão aos leitores que não se dedicam à natação, embora esse seja um esporte benéfico a todas as idades, para interromper nossa história e acrescentar algumas informações importantes.

O estilo de natação faz diferença

São quatro os estilos de natação usados hoje em dia nas competições internacionais, e cada um deles tem as próprias características e exigências.

O primeiro é o *nado livre*, no qual, segundo o nome indica, os atletas têm liberdade de fazer quase tudo para cruzar a piscina, exceto sair dela ou mudar de raia. Aqueles que adotam o estilo livre quase sempre recorrem ao *crawl* frontal, isto é, um tipo de nado de peito que requer longos movimentos dos braços sobre a cabeça e rápidos impulsos dos pés. Essa combinação é a mais veloz dentre os estilos de natação, em qualquer distância, e detém a preferência dos principais praticantes do nado livre. É também o método que as pessoas comuns, como eu e você, escolheriam para fugir de um perigo imprevisto. Em termos técnicos, porém, os competidores dessa modalidade têm permissão de fazer qualquer movimento de sua escolha, até mesmo o lateral e o chamado "estilo cachorrinho", muito popular entre as crianças.

De repente, em duas oportunidades relativamente próximas, o gênio anônimo revelou um modo melhor de fazer alguma coisa.

O segundo estilo competitivo é o *nado de costas*, no qual os atletas também podem fazer quase tudo o que quiserem – desde que permaneçam de costas. Os adeptos dessa modalidade apóiam-se diretamente no próprio dorso e fazem longos movimentos alternados dos braços sobre a cabeça, seguidos de impulsos dados pelos cotovelos e pelos pés. Esse é meu estilo preferido, pois me permite manter a cabeça fora da água e olhar em volta, além de facilitar a respiração.

Que tal se houver meios mais brilhantes de fazer as coisas? E que tal se esses meios estiverem ao alcance da mão, apenas à espera de ser descobertos?

O *nado peito* é o terceiro estilo de natação, e nele os atletas se apóiam sobre o peito e movem os braços para a frente e para trás enquanto mal tocam a superfície da água. Esse método é acompanhado por um impulso que lembra o movimento das rãs quando saltam. O nado peito é excelente para os principiantes e para a natação praticada em águas abertas, sobretudo quando se torna necessário ver e evitar obstáculos. Além disso, também permite manter a cabeça acima da superfície se o nadador assim preferir. Esse é, porém, o estilo competitivo mais lento e requer muita energia se o atleta precisar de mais velocidade ou tiver de percorrer longas distâncias.

O quarto estilo é conhecido como *borboleta,* e os nadadores apóiam-se no peito e movem os braços em uníssono acima da água – o que lembra a flutuação das asas de uma borboleta –, tomando em seguida forte impulso debaixo da superfície. Essa modalidade tem também um movimento como o dos golfinhos, no qual as pernas se movem, juntas, para cima e para baixo. Esse estilo, inovação baseada no nado peito, é muito belo e quando bem-feito e se aproxima, em curtas distâncias, da velocidade do nado livre.

O que torna o nado peito – o mais lento dos estilos competitivos – muito interessante segundo nossa perspectiva é o fato de que, até o ano de 1873, ele constituía o método de natação mais veloz que os competidores brancos conheciam.

Estilos diferentes para nadadores diferentes

Sabemos, de acordo com pinturas rupestres encontradas no Egito, que a humanidade pratica o nado peito desde a Idade da Pedra. Esse estilo tem, portanto, uma rica história de cerca de 10 mil anos. A maneira como nossos ancestrais aprenderam a nadar ainda não está bem clara, embora o nado peito apresente certa semelhança com a forma como cães, rãs e muitos outros animais cruzam as águas.

Temos a oportunidade de descobrir informações sobre quase tudo o que ocorreu em nosso planeta – e além dele.

Temos também razões para acreditar que os nativos das Américas, das ilhas do Pacífico e de algumas regiões da África Ocidental adotaram o estilo *crawl,* o mais rápido, durante vários milênios. Mas, infelizmente, nenhum europeu tomou conhecimento dele até 1844, e mesmo assim por acaso. Durante um torneio realizado em Londres, dois nadadores norte-americanos se destacaram por seu estilo pouco ortodoxo e até mesmo radical, que chocou os anfitriões porque ambos venceram diversas competições. Mas isso não bastou para que os europeus mudassem seu estilo de nadar, o que só ocorreu em 1873.

Aqui entra John Trudgen, treinador de um clube de natação de Londres, um homem comum, embora curioso e muito interessado em ajudar seus pupilos a nadar melhor e mais depressa. Descontente com as limitações do nado peito, ele viajou para a América do Sul em 1873 em busca de novas idéias. Baseando-se na atenta observação dos nadadores sul-americanos, desenvolveu a própria versão do estilo *crawl.* Trudgen ensinou essa técnica aos membros de seu clube, e logo os principais competidores ingleses a adotaram, com sucesso, combinando-a com o nado peito.

Mas ainda restavam alguns problemas, e em 1902 o australiano Richard Cavill descobriu a peça que faltava nesse quebra-cabeça observando a técnica dos nadadores das Ilhas Salomão. O resultado dessa pesquisa foi uma forma de nadar muito mais suave, eficiente e veloz. Cavill ensinou esse novo método aos seis filhos, e todos se consagraram em vários torneios de natação. De repente, em duas oportunidades relativamente próximas, o gênio anônimo revelou um modo melhor de fazer alguma coisa. Em conseqüência, o mundo da natação competitiva jamais seria o mesmo. Após milhares de anos, os atletas brancos haviam finalmente aprendido a nadar com mais rapidez.

Se quisermos vencer, nós também devemos aprender a agregar valores personalizados e indispensáveis a nossos clientes.

Hoje não temos boas desculpas

As pessoas que viveram no século XIX podiam justificar-se por não saber tudo. Podiam, também, obter perdão por sua relutância em mudar diante de idéias novas e melhores. Afinal de contas, as mudanças são difíceis mesmo em pleno século XXI.

Isso provoca algumas perguntas: será que fazemos toda uma série de coisas da melhor maneira possível? Será que as limitações de nosso conhecimento ou de nossa cultura reduziram nossa capacidade de competir na vida pessoal e profissional? Será que o mesmo ocorre com nossas empresas? E se houver meios mais brilhantes de fazer as coisas? E se esses meios estiverem ao nosso alcance, apenas à espera de nossa descoberta?

Hoje podemos dizer, não sem algum sarcasmo, que pela primeira vez temos a capacidade de saber praticamente tudo – ou pelo menos a chance de descobrir informações sobre quase tudo o que ocorreu em nosso planeta e além dele. Isso não significa que desvendamos todos os mistérios da vida, mas o acesso à informação não faz parte de nossos problemas. A internet, apesar da falta de controle de qualidade, abriu de repente um mundo de possibilidades diante de nós. Agora é possível viajar, sem gastar muito tempo nem dinheiro, para qualquer lugar do planeta. Não precisamos, portanto, depender de nada nem de ninguém para aprimorar nossas condições e perseguir nossos objetivos. Basta apenas saber onde e como procurar pelo *insight* ideal, que poderemos aplicar diante dos desafios e das oportunidades que encontrarmos.

Não é preciso ter genialidade para que isso aconteça. Basta o esforço sincero de atingir a excelência na atividade que escolhemos. Basta que nos tornemos pessoas abertas à revelação de novas fórmulas e idéias. Se há alguém que merece ser um exemplo neste livro, sem dúvida é John Trudgen, um homem que teria permanecido na obscuridade se não contasse com sua curiosidade de criança nem com sua coragem de tentar alguma coisa nova – qualidades que o puseram à frente de seus contemporâneos.

Se não pudermos descobrir uma forma diferente de nadar, não nos manteremos na piscina por muito tempo!

Mas o que dizer de nós e das organizações em que trabalhamos? Afirmo que não temos escolha. É melhor, portanto, sair da piscina e encarar com clareza e honestidade nosso verdadeiro desafio. Se não pudermos descobrir uma forma diferente de nadar, não nos manteremos na piscina por muito tempo! Assim como Trudgen, nós também, se quisermos vencer, precisamos encontrar um meio de fazer com que nossa empresa passe a agregar valores personalizados e indispensáveis.

A menos que seus clientes tenham obsessão pelo nado peito, é melhor procurar um novo estilo de natação.

CAPÍTULO 2

A busca dos valores

É preciso reinventar o jogo se você quiser vencer.

O que têm em comum uma empresa de locação de carros que o apanha onde você estiver, um dispositivo eletrônico que lhe permite criar uma experiência personalizada de entretenimento e a maior rede de supermercados de produtos naturais do mundo? Com um pouco de criatividade, podemos sugerir que, juntas, essas três iniciativas atendem às principais necessidades do ser humano neste mundo agitado em que vivemos: transporte, lazer e nutrição. Mas, como sabemos, há muitos outros aspectos envolvidos no processo.

Em termos simples, a Enterprise Rent-a-Car (principal locadora de veículos dos Estados Unidos), o iPod da Apple e a rede de supermercados de comida natural Whole Foods Markets estão ligados pelo fato de que cada um deles transformou a maneira de fazer as coisas nos já saturados mercados em que atuam graças à agregação de valores a seus clientes. E fizeram isso em um setor de quase noventa anos de idade, em uma área de alta tecnologia e no mais básico dos negócios, a venda de alimentos. A história desses três empreendimentos representa um valioso ponto de referência que nos ajuda na compreensão do que é necessário fazer para que nossas empresas e organizações promovam clientes e negócios bem-sucedidos.

Uma linha própria de atendimento que fez a diferença

Para compreender os valores essenciais da Enterprise Rent-a-Car, será preciso voltar ao início da história do negócio de locação de carros. John Hertz foi o pioneiro desse setor, cuja origem remonta a 1918, quando Walter Jacobs, aos 22 anos de idade, abriu uma empresa de locação de veículos em Chicago que contava com uma frota de doze carros modelo Ford T. Cinco anos depois, Jacobs vendeu seu negócio a Hertz, presidente de uma empresa de táxis e caminhões de aluguel e de uma montadora de veículos, que concebeu e lançou o "Sistema Dirija Você Mesmo", hoje adotado no mundo todo.

Como pioneiro de um setor ascendente, Hertz se revelou um inovador incrível. Sua recém-adquirida empresa lançou uma série de novidades que a manteriam no topo do ramo de locação de veículos. Essas novidades abrangiam a primeira rede de aluguel de carros de nível nacional (1925), o primeiro cartão de crédito de locação de automóveis (1926), a primeira unidade situada em aeroportos, em Chicago (1932), o primeiro programa que permitia aos clientes entregar o veículo em qualquer filial da empresa de locação (1933), o primeiro sistema de faturamento centralizado (1959), o primeiro clube de clientes preferenciais (1972) e o primeiro programa computadorizado de instruções (1984). O compromisso constante com a agregação de valores que excediam os serviços convencionais manteve a empresa de Hertz na liderança da área.

De fato, durante muitos anos a maior concorrente de Hertz foi a Avis, companhia que parecia satisfeita com a vice-liderança e baseava sua propaganda no *slogan* "Somos o número 2, porém nos esforçamos mais", que se tornou muito popular. Fundada em 1946 por Warren Avis, em Detroit, a empresa logo se expandiu nos Estados Unidos e depois na Europa, no Canadá e no México, sempre seguindo o modelo de Hertz de abrir unidades nos aeroportos. Concorrente de valor, Avis também introduziu sua cota de inovações nesse mercado, entre as quais o primeiro sistema de gerenciamento de reservas e informações em tempo real (1972), o primeiro serviço pessoal automatizado de *check-in* (1984), o primeiro programa computadorizado de devolução de veículos (1987) e o primeiro sistema GPS (2003). Até recentemente, o esforço da Avis possibilitou sua permanência na vice-liderança do setor. Mas, embora suas inovações tenham realmente agregado valor aos clientes, não chegaram a mudar as regras do jogo.

Onde então se encaixa a Enterprise nesse cenário? Sua história começou em 1957, quando um jovem chamado Jack Taylor decidiu testar a idéia emergente de fazer *leasing* de veículos na cidade de Saint Louis. Embora essa não fosse uma idéia errônea, o melhor *insight* de Taylor surgiu quando vários clientes sugeriram que sua empresa lhes alugasse carros enquanto os deles estivessem na oficina para reparos. Assim, com uma frota inicial de dezessete veículos, ele passou a "emprestar" seus carros à taxa de 6 dólares por dia e 6 centavos por milha percorrida.

Embora as inovações da Avis tenham realmente agregado valor aos clientes, não chegaram a mudar as regras do jogo.

Taylor, ao contrário de Hertz e de Avis, acreditava que as melhores chances de crescimento de sua empresa estavam na clientela local, e não nos viajantes que passavam pelos aeroportos. Essa "clientela local" abrangia também as pessoas cujos veículos estavam na oficina para reparos ou serviços de manutenção. Com seu foco diferenciado, Taylor abriu novas unidades nos locais onde as pessoas moravam e trabalhavam, e não nos aeroportos. Ainda ao contrário das empresas de Hertz e de Avis, a evolução da Enterprise não se caracterizou por uma série de inovações tecnológicas nem pela prestação de serviços mirabolantes. Além de sua determinação de manter-se muito próxima dos clientes-alvo, a maior inovação da Enterprise surgiu de uma idéia extremamente simples e essencial sugerida por um gênio anônimo: em 1974, o gerente da filial de Orlando, na Flórida, passou a oferecer aos clientes trajetos gratuitos até a locadora. Esse serviço é hoje o célebre "Buscaremos Você", lema que se tornou tradição na Enterprise.

Após estabelecer essas novas regras de jogo e dominar o mercado, a companhia passou, em 1995, a competir diretamente com suas concorrentes tradicionais e abriu a primeira unidade localizada em aeroportos, na cidade de Denver. A Enterprise é atualmente a maior empresa locadora de carros da América do Norte e tem quase 7 mil unidades nos Estados Unidos, no Canadá, no Reino Unido, na Irlanda e na Alemanha. A Hertz ainda é a maior companhia de locação de veículos do planeta, mas a Avis não ocupa mais o segundo lugar, embora detenha uma sólida posição entre as quatro ou cinco mais bem-sucedidas do mundo. O sucesso da Enterprise Rent-a-Car conta, na verdade, uma história sobre a visão da oportunidade de aprimorar o mercado e agregar valores novos e indispensáveis.

Além da tecnologia de ponta

Para compreender a proposta de agregação de valores do iPod, devemos observar o nível de genialidade existente na Sony, a primeira empresa capaz de transformar a música e o entretenimento em duas opções pessoais e portáteis. Em 1979, essa inovadora companhia japonesa reinventou o mundo do lazer individual com a introdução do *walkman,* um toca-fitas cassete leve e portátil. Esse pequeno artefato foi na verdade um grande "libertador" de gente e de música. Antes de sua invenção, era preciso ficar em casa, perto do equipamento de som, se quiséssemos apreciar nossas canções preferidas. Mas a Sony viu a oportunidade de mudar o jogo e, graças ao *walkman,* foi possível ouvir música a qualquer hora e em qualquer lugar com a ajuda de minúsculos fones de ouvido. O sucesso foi fenomenal. Em 1999, no vigésimo aniversário de sua bem-sucedida invenção, a Sony já vendera 186 milhões de unidades de *walkman,* 4,6 milhões de unidades de *CD-players* portáteis e mais de 500 milhões de conjuntos de fones de ouvido. Durante duas décadas consecutivas, as vendas haviam crescido a cada ano.

A mudança envolvia tecnologia recente e experiência suficiente para agregar muito mais valores a toda uma nova geração de apreciadores de música.

Foi, portanto, surpreendente a constatação de que a empresa que reinara sobre esse gigantesco universo de consumidores dava sinais de ter perdido o ritmo ou pelo menos de ter falhado na percepção de que chegara o momento de virar novamente o jogo. A mudança envolvia tecnologia recente e experiência suficiente para agregar muito mais valores a toda uma nova geração de apreciadores de música. Na ocasião em que a Sony atingia o auge das vendas de seu *walkman,* uma inovação surgia, e com ela a possibilidade de obter e personalizar um volume ilimitado de música e entretenimento – o equipamento digital de áudio, ou MP3.

Ao contrário do *walkman,* o MP3 é um dispositivo capaz de armazenar, organizar e tocar arquivos de música digital. O primeiro desses equipamentos foi comercializado em setembro de 1998, e uma atividade febril teve início entre as empresas que entraram na corrida pela criação de um produto vencedor. Mas foi a Apple Computer que se tornou, pelo menos até agora, a grande campeã – não por conseguir o produto perfeito, embora o iPod seja notável, e sim por ter experiência mais completa em termos de *software* musical e de arquivamento de canções e outras peças musicais. Com a combinação de *design* brilhante, pequenas dimensões e facilidade de uso característica do iPod, a posição da Apple no setor é ideal. Graças à publicidade inteligente e ao investimento maciço em aprimoramento, atualização e versatilidade (aí incluídas a opção para vídeo e outras programações), o iPod rapidamente se tornou um dos produtos mais desejados do mercado. No final de 2006, mais de 67 milhões de unidades já tinham sido vendidas e mais de 2 bilhões de canções já haviam passado pelo processo de *download.*

A prova está na experiência. Quando você compra um iPod e se conecta à *web* musical, sua noção de entretenimento pessoal se transforma. Isso, porém, não garante para a Apple a supremacia do mercado. Enquanto escrevo este livro, várias outras empresas líderes, até a Microsoft, investem com firmeza nessa competição. A próxima atração poderá recair nos provedores de telefonia móvel, que, em conjunto com outros parceiros de equipamento, estão produzindo uma nova geração de telefones celulares com MP3 embutido. Essa fusão de tecnologias talvez provoque nova e rápida reviravolta no mercado. No agitado mundo da tecnologia eletrônica, o desafio de agregar valores novos e cada vez mais obrigatórios é ainda maior.

Como vender um estilo de vida e um conjunto de valores

Para assimilar a abordagem de valores da rede Whole Foods Markets, precisamos voltar no tempo até os primórdios da humanidade, quando as pessoas só ingeriam alimentos naturais – desde que conseguissem colhê-los ou cultivá-los. No final da década de 1970, contudo, esse tipo de comida atraía apenas um segmento relativamente pequeno do mercado. Os pontos-de-venda ofereciam uma gama estreita de produtos naturais, como laticínios e alimentos orgânicos, feijões, grãos, pratos vegetarianos, suplementos de vitaminas ou sais minerais e uma linha de pães integrais cuja aparência quase sempre era tão desestimulante quanto a falta de sabor e de textura.

A prova está na experiência.

Apesar disso, muita gente se interessaria por uma alimentação mais saudável e segura se os produtos disponíveis na época fossem mais adequados a seus hábitos e preferências. Por esse motivo, em 1980, quatro empresários do setor sediados em Austin, no Texas, viram uma oportunidade de mudar o jogo se ligassem seus produtos ao conceito vitorioso de “supermercado”. A rede Whole Foods Markets, hoje com vendas de cerca de 5 bilhões de dólares, detém a liderança mundial do mercado varejista de alimentos orgânicos e naturais e opera na América do Norte e no Reino Unido.

Se visitar uma loja da rede, você provavelmente vai rever seu conceito de alimento saudável. Percorra os corredores cheios de uma exótica variedade das mais belas criações da natureza, com todas as suas cores e formas radiosas. Passe pelos balcões de peixes e de carnes livres de hormônios e experimente as deliciosas novidades oferecidas em pequenos quiosques existentes entre as gôndolas. Examine o setor de pães e deixe-se levar pelo aroma e pelo sabor dos produtos recém-saídos do forno. Observe todos os alimentos à disposição, cheios de vida e energia em suas embalagens atraentes, em parte porque o universo dos produtos naturais também explodiu com a expansão da Whole Foods.

Assim é o admirável mundo novo da comida natural criado por essa rede inovadora.

Tão importante quanto sua proposta de valores é o compromisso da empresa com a educação dos clientes em termos de alimentação e de vida saudável. A rede procura atingir esse objetivo por meio da divulgação de material escrito, de demonstrações feitas nas lojas, de aulas de culinária e da adesão e do apoio da comunidade, entre outros recursos.

Existem no setor concorrentes também notáveis em alguns aspectos, mas a Whole Foods vende um conceito que se torna essencial – sobre alimentos, nós mesmos, a comunidade em que vivemos e o planeta que compartilhamos – para um número crescente de pessoas, embora seus preços sejam mais altos que os praticados pelos supermercados tradicionais. Um novo grupo de concorrentes desafia agora essa fórmula com a tentativa de reduzir os preços dos produtos naturais. Será interessante observar como a Whole Foods vai agir e evoluir na defesa do setor e dos valores que criou. A agregação e a manutenção dos valores fazem parte de um processo sem fim.

Para vencer, mude o jogo

Muitas outras organizações viraram o jogo em favor de seus clientes. Não se trata, na verdade, apenas de organizações, e sim também de pessoas. Pense em quantas delas sobressaíram de forma notável porque são, ou foram, diferentes.

Quer um exemplo? Lembre-se de Elvis Presley, o Rei do Rock. Ele provavelmente não iniciou sua vida na condição de gênio, tampouco começou a cantar munido de um plano para transformar o mundo da música. Ao longo da estrada, porém, encontrou dentro de si mesmo o melhor estilo, baseado na inspiradora combinação do *gospel* que ouvira nas igrejas do sul dos Estados Unidos, no *rhythm and blues,* que dominava as casas noturnas da região, na música *country* e nas canções populares de seu tempo. Elvis misturou tudo isso ao próprio som e, apoiado em sua sensualidade, no charme e no senso de humor, criou para seus ouvintes e espectadores uma experiência única e inesquecível.

No agitado mundo da tecnologia eletrônica, o desafio de agregar valores novos e cada vez mais obrigatórios é ainda maior.

Vamos lembrar também o incrível James Brown, cantor e *performer* afetuosamente conhecido como o "Padrinho do *Soul*". Durante uma carreira de seis décadas, suas inovações de ritmo e a própria natureza de seu desempenho mudaram o curso do *rhythm and blues* e da música *soul,* influenciaram profundamente o *rock'n'roll* e ainda inspiraram os cantores de *rap* atuais. Revolucionou também a maneira de dançar, superando as barreiras então existentes entre grupos raciais e classes sociais.

Conforme você já percebeu, a mudança do jogo requer um olhar atento dirigido ao universo específico dos clientes e também ao mundo em geral.

As pessoas que estão por trás das boas idéias são brilhantes? E as próprias idéias seriam também brilhantes? Em certo sentido, a resposta a ambas as perguntas é "sim". Elvis e James Brown, por exemplo, não criaram novos estilos musicais do nada. Tiveram como base o talento de algumas pessoas que os antecederam nos palcos, e muitas delas, por sua vez, adaptaram sua música ao ambiente, às circunstâncias e às diferenças culturais que encontraram. Assim, a verdadeira genialidade de cada um é a capacidade de ver as coisas de modo diferente e de combiná-las de forma também diferente.

O foco no sucesso do cliente é o segredo do êxito profissional e organizacional. É preciso mudar o jogo para vencer. E, nessa mudança, é necessário procurar novas idéias.

Isso ficou bastante claro para mim em um momento de grande honestidade que quase me fez perder um trabalho muito interessante. Fui convidado, alguns anos atrás, para uma palestra sobre diferenciação e valores agregados aos clientes que devia ser dada à equipe de altos executivos de um importante banco regional. Embora fosse o maior do setor, os serviços que oferecia aos clientes eram precários e deixavam a desejar. Levei ao encontro algumas idéias, muitas perguntas e (assim esperava) a mente bem aberta.

Após os cumprimentos, eu disse estar impressionado com a rica história e o crescimento constante da instituição. Mas, apesar disso tudo, nos últimos anos havia perdido clientes importantes para outros bancos que ofereciam melhores serviços. Embora a alta direção já conhecesse duas grandes firmas de consultoria, o presidente do conselho tivera boas referências de meu trabalho e insistiu em ouvir um ponto de vista novo. Agradeci, e em seguida um dos executivos entregou-me a cópia de um estudo feito recentemente sobre os serviços que os maiores bancos do país prestavam a seus clientes. A conversa que mantivemos então foi a seguinte:

Executivo: "Fizemos um importante trabalho de pesquisa antes do encontro com você e outros consultores. Aqui está um estudo detalhado que acabamos de receber".

Eu: "Muito interessante". Examinei o conteúdo do documento e acrescentei: "Talvez eu deva dizer muito divertido". Com isso, comecei a rir, embora com moderação.

Executivo: "Você está rindo porque o estudo é bom, certo?"

Eu: "Na verdade, estou rindo porque é estranho. Gostaria que fosse bom, mas é realmente estranho, lamento".

Essa não foi, decerto, a melhor maneira de começar uma reunião tão importante.

Executivo: "As outras empresas que consultamos ficaram bem impressionadas. Em que sentido considera estranho o estudo?"

Eu: "Bom, mesmo correndo o risco de parecer inconveniente, gostaria de fazer uma pergunta simples".

Executivo: "Vá em frente".

Eu: "Os bancos são reconhecidos como bons prestadores de serviços de alto nível a seus clientes?"

Executivo: "Não, provavelmente não".

Eu: "Esse é o motivo da estranheza, não percebem? Vocês gastaram muito dinheiro para pesquisar as práticas de serviços de instituições que não costumam prestar bons serviços aos clientes".

Executivo: "O que devemos fazer então?"

Eu: "Estudar as práticas das melhores organizações dos setores reconhecidamente renomados pela exemplar prestação de serviços que oferecem a clientes exigentes".

Executivo: "Isso faz sentido".

Eu: "Certamente, e não é estranho. Se quiserem de fato tornar-se ótimos prestadores de serviços, terão de se comprometer mais e melhor com seus clientes".

Por mais estranho que pareça, eles me contrataram para estabelecer e implementar um novo plano de prestação de serviços aos clientes. Eu gostaria de dizer que essa história teve um final feliz, mas as propostas mais importantes do projeto foram rejeitadas pelos membros do conselho, que as consideraram muito radicais para uma instituição de 150 anos de existência, e acabaram por chegar, levadas por alguns dos participantes da diretoria, a outros bancos mais inovadores que viraram esse jogo. A instituição que me contratara continuou lutando com a questão da prestação de serviços aos clientes e mais tarde foi comprada por concorrentes mais modernos.

Casos como esse não são raros. Muitas organizações têm dificuldades para escapar da armadilha criada por elas mesmas porque se recusam a pensar estrategicamente e a renovar seu estilo de trabalho. Consideram, pelo contrário, apenas lucros de curto prazo e coisas do gênero como se isso fosse a essência do pensamento estratégico e se esquecem de mensurar a satisfação dos clientes, o único alicerce que pode mantê-las em pé.

Para vencer, torne seu cliente bem-sucedido

O que é necessário para proporcionar sucesso a nossos clientes? Tudo depende dos objetivos deles, pois é seu propósito, e não o nosso, que deve guiar a estratégia, o compromisso com a inovação, os produtos ou serviços e as soluções que oferecemos. Peter Drucker, cujas idéias principais serão sempre relevantes para o mundo dos negócios, disse muitos anos atrás que há três perguntas fundamentais que toda organização deve fazer:

- Quem são nossos clientes?
- Quais são suas necessidades?
- O que é valor para eles?

Drucker compreendeu que os clientes e suas necessidades, assim como a percepção de valor que eles têm, deveriam reger qualquer negócio ou empresa. Se pudermos evoluir com eles, seremos sempre importantes. Se priorizarmos medidas financeiras de curto prazo, porém, correremos o risco de perder o jogo. Assim, é talvez necessário acrescentar mais três perguntas às de Drucker para esclarecer perfeitamente as coisas:

- De que forma as necessidades e a noção de valor dos clientes evoluem?
- Para onde se encaminha o mundo deles?
- Que direção imaginamos que esse mundo pode tomar?

A reflexão sobre essas questões nos dá inúmeras opções de mudança. Podemos oferecer, por exemplo:

- Produtos, serviços e soluções altamente valiosos e personalizados
- Um padrão inteiramente novo de qualidade e desempenho
- Tecnologia melhor e diferenciada
- Alto nível de presteza e agilidade
- Conhecimento para proporcionar maior êxito e poder aos clientes
- Visão de futuro

Se as necessidades e a noção de valor dos clientes fossem estáticas, nós talvez não precisássemos mudar tanto nem tão depressa. Mas as necessidades de todos evoluem sempre: clientes, consumidores, cidadãos, empresários, governos ou organizações. A vida fica mais complexa e agitada, há menos tempo ou recursos para fazer o necessário, o foco nas atividades principais se torna prioritário, surgem novas opções e aparecem desafios maiores ou oportunidades inesperadas – todas essas circunstâncias representam fatores de peso na rotina de nossos clientes e, portanto, influenciam também nossa estratégia.

Muitas vezes é difícil imaginar as mudanças necessárias, embora elas sejam quase sempre óbvias para os bons observadores. Honda e Toyota, por exemplo, não foram as únicas empresas a saber que as reservas de petróleo do planeta se esgotarão um dia e os preços da gasolina poderão elevar-se muito por causa dessa contingência. Apesar disso, surpreendentemente, apenas essas duas montadoras de veículos perceberam, bem antes das demais, a urgência da situação e foram capazes de antecipar a evolução das necessidades de seus clientes, que passariam a preferir carros mais compactos e econômicos.

A agregação e a manutenção dos valores constituem um processo sem fim.

Para vencer, agregue valor

Valor é a promoção de mudanças significativas na experiência do cliente ou os resultados que esse cliente obtém de sua experiência. Não se trata, porém, de diferença progressiva, pois essa etapa já está superada.

Mas falar é fácil. Se quisermos de fato nos destacar da multidão, precisamos agir de modo que possamos gerar valores reais para o cliente. Uma boa notícia: isso não é tão difícil na maior parte dos setores do mercado, embora inúmeras empresas trabalhem dia e noite na tentativa de alcançar uma perfeição apenas aparente. Basta verificar o tipo de marketing atual, os *sites* da internet e a publicidade praticada em seu setor, assim como em outras áreas, para ser bombardeado com uma explosão de autopromoções.

Até mesmo as companhias de desempenho menos brilhante alegam ser "motivadas pela inovação" e "obcecadas pela qualidade", estar "prontas a fazer tudo pelo cliente", contar com "profissionais altamente treinados e dedicados" e oferecem "as mais completas garantias do mercado". Vamos lembrar o insistente *slogan* proclamado pela Ford Motor Company – "A Qualidade É a Tarefa nº 1!" –, enquanto a empresa, na verdade, se mantinha em constante atraso, nesse aspecto, com relação à concorrência. Talvez esse lema fosse apenas uma declaração do objetivo da montadora, mas sua implicação nos levava a acreditar na excelência da qualidade de seus produtos.

A verdadeira genialidade está na capacidade de ver as coisas de modo diferente e de combiná-las de forma diferente.

Assim, mesmo que seus negócios não tenham sido notáveis no passado, agora é sua chance de brilhar. Você precisa apenas de uma oportunidade real de mercado, do compromisso de compreender melhor que a concorrência os clientes de seu setor, da disposição de identificar as necessidades atuais e futuras dos clientes e do mercado e da determinação de reconhecer e agregar valores.

E, finalmente, você precisa orientar-se pelas sete regras básicas apresentadas abaixo:

Como agregar valores

1. Seja diferente do modo mais importante para seus clientes.
2. Compreenda os clientes melhor que toda a concorrência e elabore a solução ideal para cada um deles.
3. Agregue valores reais durante todo seu relacionamento com os clientes.
4. Agregue valores baseados na clareza e na coerência de seu foco.
5. Ofereça uma combinação equilibrada de valores tangíveis e intangíveis.
6. Construa uma organização harmonizada com os valores que você oferece, capaz de proporcionar às pessoas as ferramentas e o apoio necessários para fazer a diferença.
7. Comprometa-se a evoluir continuamente.

Vamos analisar agora as razões pelas quais as organizações e as pessoas geniais que nelas trabalham encontram tanta dificuldade de elaborar e apresentar idéias certas.

CAPÍTULO 3

Gênios aprisionados

As abordagens tradicionais de estratégia, inovação e marketing já não justificam as ações.

Se os desafios e as oportunidades são numerosos, por que é tão difícil, para a maioria das pessoas e das organizações, revelar a própria genialidade? Talvez porque seus métodos estejam errados.

Imagine a cena descrita a seguir, que tem lugar quase todos os dias nas empresas do mundo inteiro durante as reuniões das equipes de trabalho para buscar a solução de problemas urgentes ou apresentar novas idéias e oportunidades.

As pessoas se encontram nas salas de reunião, na diretoria, no escritório da gerência, nas salas privativas dos restaurantes, nos centros de conferências ou algumas vezes até ao ar livre. Chegam equipadas de cartazes, canetas e marcadores coloridos, blocos, planilhas, relatórios de pesquisa de mercado, quilos de informações colhidas na internet – nem sempre confiáveis –, um grande senso de urgência e uma lista de perguntas talvez inspiradas na filosofia socrática. Cada participante dessas reuniões traz a intenção de demonstrar a própria criatividade até chegar a uma solução que garanta, no mínimo, a sobrevivência da organização e, no máximo, uma revolução em seu universo corporativo.

**Se continuamos sentados,
será difícil revelar brilhantismo.**

Quando afinal todos chegam, ingerem a essencial dose de cafeína e se acomodam em seus lugares, o líder da reunião toma a palavra. "Chegamos a um ponto crítico", diz em tom melodramático, "e o futuro de nossa empresa oscila na corda bamba. Temos de correr contra o tempo". Ele continua: "Estamos sob pressão e precisamos pensar em uma solução inovadora, melhor, mais rápida, mais forte e mais eficaz". Após uma pausa tensa, pronuncia a temida e surrada frase: "Sendo assim, qual de vocês tem uma idéia salvadora?"

Um longo silêncio se estabelece, talvez em homenagem àqueles que ousaram apresentar alguma sugestão em ocasiões anteriores ou talvez porque nenhum dos presentes tem a menor idéia do que fazer – apesar de vir refletindo sobre o problema há semanas. Depois dessa pausa profunda, alguém mais desinibido reúne coragem e diz:

"Falamos de idéias totalmente novas, isto é, de coisas que nunca pensamos nem fizemos antes ou devemos apenas encontrar uma forma diferente de fazer o que já fazemos? Em outras palavras, vamos tirar a poeira das mesmas velhas idéias que sempre apresentamos para resolver também o problema atual e esperar que os clientes se iludam e pensem tratar-se ao menos de um salto razoável de qualidade de nossa parte?"

"Algumas idéias novas seriam muito bem-vindas", encoraja o líder. "Afinal de contas, o mundo e o mercado se transformam com mais rapidez do que poderíamos imaginar." O verdadeiro significado dessa frase pode ser uma das seguintes opções: "O concorrente X acaba de lançar um produto revolucionário", "O concorrente Y divulgou ontem seu novo serviço pró-ativo de garantia", "O concorrente Z promoveu uma redução de 25% em seus preços na insana (e provavelmente bem-sucedida) tentativa de nos esmagar como insetos" ou "Nossos clientes estão a ponto de nos declarar guerra se não reduzirmos drasticamente os prazos de entrega de nossos produtos".

As soluções ocorrem quando estamos plenamente engajados e atentos, prontos a notar e questionar todas as coisas.

Agora as cartas estão todas na mesa. A situação é mesmo assustadora, sem mencionar o fato de que requer mudanças radicais e renovação de conceitos.

"Precisamos, portanto, de idéias realmente novas", continua o líder da reunião. "Idéias revolucionárias que transformem nosso estilo de trabalho. Será necessário implementá-las quanto antes se quisermos salvar a contabilidade de nossa empresa."

O homem, em seguida, olha para todos os presentes, um a um, na esperança de que alguém, na inspiração do momento, diga: "Nesse caso, eu tenho um punhado de idéias novas, criativas e brilhantes a oferecer". Mas isso não acontece.

Assim como Benjamin Franklin, precisamos enfrentar a tempestade para chegar à verdadeira inspiração (ou morrer eletrocutados por um raio).

Assim, na falta de alternativa melhor, eles fazem o que qualquer grupo de adultos que têm auto-respeito faria: arregaçam as mangas e põem mãos à obra. Todos se esforçam para pensar na melhor solução possível, o que não é pouco diante das limitações impostas por tantos anos consecutivos de educação formal e de trabalho em organizações que desde o primeiro dia desestimulam qualquer surto criativo de seus funcionários.

Durante um breve momento, brilha alguma esperança de que os astros e os deuses os favoreçam com uma onda coletiva de sabedoria e surja ao menos uma nova grande idéia que traga luz à situação. Mas o esperado milagre não se manifesta, e eles afinal se conformam com o fato de que só com esforço e concentração poderão resolver o problema. A inspiração raramente surge como num passe de mágica. Se continuarmos sentados, será difícil revelar brilhantismo.

A inspiração requer compromisso e imaginação

As soluções ocorrem quando estamos plenamente engajados e atentos, prontos a notar e questionar todas as coisas. Elas surgem quando nos mantemos abertos a novas idéias porque sempre comparamos os limites de nossa capacidade de raciocínio com as necessidades dos clientes e do mercado. As soluções ocorrem também quando pessoas dedicadas e inteligentes aceitam o desafio de redescobrir a maravilhosa curiosidade da infância com concentração e paixão – e para isso se dispõem a ultrapassar as fronteiras do conhecimento formal e da zona de conforto. Se não for assim, até as melhores intenções estão destinadas ao fracasso.

A inspiração ocorre aos engajados e imaginativos

As soluções se baseiam em conceitos já existentes. Até mesmo as idéias mais brilhantes são sempre inspiradas por alguma coisa que alguém já fez, pensou ou sonhou – em outra organização, outro país ou outra cultura. Os pássaros inspiraram os aviões, o *gospel* inspirou o *rock'n'roll,* um fabricante de botas de uma pequena cidade inspirou a preocupação com a satisfação do cliente, a idéia de eliminar os revendedores inspirou um dos maiores fabricantes de microcomputadores do mundo, o poder curativo das plantas inspirou inúmeros medicamentos eficazes – e assim por diante. Esse tipo de inspiração raramente se manifesta em meras reuniões de *brainstorming.* Assim como Benjamin Franklin, precisamos enfrentar a tempestade para chegar à verdadeira inspiração (ou morrer eletrocutados por um raio). É pela experiência que se dá início ao processo criativo.

Essa capacidade de visão – de novas e melhores possibilidades – leva as organizações e as pessoas a se tornar realmente grandes e sobressair da multidão.

O sucesso profissional e organizacional depende de nossa capacidade de fazer a diferença de modo que agreguemos maiores valores aos clientes. Mas só faz coisas diferentes quem vê o mundo de forma diferente. Essa capacidade de visão – de novas e melhores possibilidades – leva as organizações e as pessoas a se tornar realmente grandes e sobressair da multidão. Para ser diferente, não é preciso gerar idéias brilhantes e valiosas do nada, assim como para vencer basta identificar as possibilidades das boas idéias dos outros e ser o primeiro (ou o melhor) a adaptá-las à própria atividade ou ao mercado. A maior tarefa é a descoberta das idéias certas.

As únicas habilidades necessárias são uma mente aberta, a percepção do que é importante para os clientes e um profundo senso de curiosidade.

Este livro pretende mostrar a você como transformar sua atividade ou organização pela adoção das melhores idéias e do conhecimento que o mundo tem a oferecer. A opção de mudar seu conceito sobre sucesso e inovação é sem dúvida um desafio – da missão quase impossível de encontrar a mais perfeita das soluções até a tarefa bem mais simples de identificar uma idéia já comprovada e aplicá-la a seu caso. As únicas habilidades de que você precisa são uma mente aberta, a percepção do que é importante para os clientes e um profundo senso de curiosidade.

CAPÍTULO 4

A curiosidade como vantagem competitiva

O dom inato da curiosidade é a única arma eficaz na batalha da concorrência.
Por que a geografia é importante e um viajante do século XIII poderia tornar-se o mais destacado pensador do mundo dos negócios no século XXI.

Você alguma vez já imaginou o que um pedaço de velcro, um rolo de arame farpado e uma serra de cadeia têm em comum? Se pensou que todos eles podem ser comprados em uma loja de ferragens, acertou. Se julgou que os três são invenções de grande utilidade, acertou de novo. Mas, caso tenha imaginado que seus inventores foram muito inteligentes, você está apenas parcialmente certo. O brilhantismo real dessas pessoas foi sua disposição de observar com atenção o mundo ao redor. Elas estavam equipadas, todavia, com um fino senso de curiosidade e a capacidade de enxergar as coisas de modo diferente.

Em 1948, Georges de Mestral, engenheiro suíço aficionado por longas caminhadas, passeava com seu cão pelos bosques próximos de sua casa. Após algum tempo, porém, notou que suas meias e o corpo do cão estavam cobertos de carrapichos. Se fosse uma pessoa comum, ele apenas teria retirado e jogado fora os intrusos. Mas sua mente curiosa percebia uma característica notável nessas minúsculas criações da natureza capazes de grudar instantaneamente em quase tudo, firmando-se tão bem que é difícil removê-las. Assim, levou alguns carrapichos consigo para examiná-los no microscópio. Descobriu que tinham uma superfície repleta de finíssimos ganchos que aderiam a qualquer coisa que não fosse absolutamente lisa. Essa descoberta o levou à concepção do velcro, produto que tem agora incontáveis aplicações.

Hoje em dia até mesmo as idéias mais criativas e bem-sucedidas têm raízes firmemente plantadas no trabalho de outras pessoas.

O arame farpado, a serra de cadeia e inúmeras outras invenções têm histórias similares e compõem alguns exemplos relativamente recentes. O que dizer de Ícaro e sua tentativa pioneira de imitar os pássaros? Mal sabia ele que seriam necessários mais alguns milhares de anos de estudos, pesquisas e projetos para que a humanidade conseguisse voar. Hoje em dia até mesmo as idéias mais criativas e bem-sucedidas têm raízes firmemente plantadas no trabalho de outras pessoas. Tente imaginar, por exemplo, as incríveis criações dos desenhos animados atuais sem o pioneirismo inspirado de Walt Disney ou a moderna popularidade do "disque-pizza" sem a tradicional figura do leiteiro que há mais de 100 anos, em carroças puxadas a cavalo, entregava seu produto de porta em porta.

O que aconteceria se cada um de nós buscasse *insight* e inspiração no mundo que nos cerca e depois os aplicasse de maneira prática e inovadora?

Seriam essas pessoas inventivas muito mais inteligentes do que eu e você, nossos colegas de trabalho e a grande maioria dos habitantes deste planeta? Será que, em circunstâncias favoráveis, não poderíamos ser igualmente brilhantes? O que aconteceria se cada um de nós buscasse *insight* e inspiração no mundo que nos cerca e depois os aplicasse de maneira prática e inovadora? A resposta poderia ser surpreendente.

A curiosidade é o ponto de partida essencial

Lembra-se do *João e o pé de feijão?* Nessa clássica história infantil, o protagonista tomou uma decisão que mudaria para sempre a vida de sua família. João e sua mãe estavam passando fome, por isso ela o mandou ao mercado vender o único bem que possuíam, uma vaca leiteira. Mas o rapaz trocou o animal por algumas sementes de feijão e quase apanhou por causa disso. Todos nós conhecemos o final da história: as sementes, jogadas no solo ao acaso pela mãe, germinaram e se transformaram num gigantesco pé de feijão. Movido pela curiosidade, João o escalou e descobriu um reino além das nuvens que lhe ofereceu, entre sustos e fugas, uma incrível experiência e a descoberta de dois tesouros: uma ave que botava ovos de ouro e uma harpa mágica.

E se escolhermos o melhor caminho, que embora menos freqüentado nos livre de um destino incerto?

Devemos ser mais parecidos com João não pelo fato de trocar uma coisa de valor por um punhado de sementes mágicas, e sim por imaginar o que pode acontecer se escalarmos o pé de feijão para agregar maior valor a nossos clientes. E se escolhermos o melhor caminho, que embora menos freqüentado nos livre de um destino incerto? Se João vendesse a vaca por um punhado de moedas, isso teria apenas prolongado a situação precária da família. Ele precisava mudar drasticamente o jogo, e as sementes foram o recurso definitivo que lhe permitiu essa virada.

Onde devemos procurar pelas sementes mágicas?

Faremos isso ao longo de uma jornada até o mundo que se esconde além de nossa atual zona de conforto.

Além do mundo plano

Em seu livro *The World Is Flat* [O Mundo É Plano], o escritor e jornalista norte-americano Thomas Friedman fala de uma nova ordem econômica global que parece ter surgido da noite para o dia. Ele identifica as marcas desse mundo com a nova economia digital baseada na internet e com o recente fenômeno pelo qual uma parte significativa da atividade econômica e dos serviços de apoio dos Estados Unidos (e provavelmente de outros países desenvolvidos) pode ser feita em qualquer região do planeta onde o custo seja menor e a qualidade razoável. Um bom exemplo disso é o desenvolvimento de Bangalore, na Índia, como centro de apoio de um crescente universo de empresas e setores, embora os resultados dessa mudança estejam ainda pouco claros para muitos consumidores.

Agregue valor ou fracasse.

Friedman argumenta que nessa nova ordem global qualquer um tem a chance de vencer. Mas o que sua avaliação significa para nós como indivíduos e organizações cuja existência poderia desaparecer rapidamente nesse universo mutante? Temos de agregar valor ou fracassar, suponho.

O mundo, porém, é ainda mais plano do que Friedman e outros pensadores importantes julgam. Embora o ideal fosse percorrê-lo de norte a sul em busca de mercados, fornecedores e centros externos, seu verdadeiro potencial está na variedade, agora prontamente acessível a todos nós, de idéias, *insights* e novas formas de fazer as coisas. Bastam alguns comandos no computador para abrir um vasto horizonte de informações sobre praticamente tudo o que acontece ou aconteceu no passado. Mais alguns comandos, e estamos diante das melhores idéias sobre o futuro geradas pelo ser humano. Assim, a geografia e toda a sua maravilhosa diversidade estão agora quase na palma das mãos, ou na ponta dos dedos, e isso é motivo de celebração.

Para compreender esse potencial no século XXI, devemos voltar os olhos para uma família de comerciantes e exploradores do século XIII que demonstraram o poder da busca de oportunidades no rico universo que os cercava. O membro mais importante dessa família foi Marco Polo, célebre por suas viagens à China e pela visão aguda para detectar as novas idéias e os novos métodos que descobriu ao longo de suas jornadas.

Bastam alguns comandos no computador para abrir um vasto horizonte de informações sobre praticamente tudo o que acontece ou aconteceu no passado.

Marco nasceu em uma ilustre família de mercadores de Veneza, talvez o mais importante centro comercial da Europa na época. Seu pai e seu tio eram excelentes comerciantes porque buscavam sempre novas oportunidades de negócio, expandindo, assim, as fronteiras do mundo conhecido. Em 1271, aos 17 anos, Marco se juntou a eles na mais ambiciosa viagem da família. Após navegar até o extremo oriental do Mar Mediterrâneo, seguiram pelo ramal sul da Rota da Seda, a caminho da China e da corte de Kublai Khan, o responsável pela dominação e reestruturação da China e neto de Gêngis Khan. Essa jornada durou três anos.

A chamada Rota da Seda era, desde a Antiguidade, o trajeto percorrido pelos mercadores ocidentais para chegar à Ásia, vender suas mercadorias e comprar os preciosos tesouros do Oriente, sobretudo a seda e as especiarias. Por mais importantes que fossem esses produtos, os bens mais valiosos que atravessaram a Rota da Seda foram, sem dúvida, as idéias sobre matemática, ciência, negócios, medicina, as obras das sociedades e dos governos e até mesmo a religião. Consideramos o budismo uma religião proveniente do Extremo Oriente, mas na verdade ele chegou à China trazido da Índia através da Rota da Seda. O cristianismo também passou por esses caminhos nos séculos VI e VII da era cristã. Há razões para acreditar que o judaísmo igualmente alcançou a China pelo mesmo trajeto.

Começava uma nova era em que a curiosidade se tornou a força motriz da atividade econômica.

A família Polo não faz parte dos primeiros europeus de sua geração a viajar para a China, e houve muitos céticos que duvidaram de seus relatos e até mesmo da veracidade dessa jornada. Mas, depois de seu retorno a Veneza, Marco Polo escreveu um livro sobre os vinte anos que passou no Oriente. Esse livro se chamava *As viagens de Marco Polo* e foi o primeiro documento escrito sobre a China surgido na Europa. A obra descrevia um mundo tão distante da compreensão da maioria das pessoas que elas achavam difícil acreditar em seu conteúdo. Apesar disso, o relato de Marco inspirou em alguns o desejo de aprender mais sobre a China e seu povo, sua geografia, sua cultura, seus costumes, seus produtos e suas invenções. Inspirou também em outros a determinação de procurar no Oriente a própria fortuna. Começava uma nova era em que a curiosidade se tornou a força motriz da atividade econômica.

Existem, atualmente, controvérsias sobre esse episódio: os escritos de Marco Polo se baseavam em suas observações ou nas histórias que ele ouviu de outros aventureiros? De qualquer modo, o agudo senso de curiosidade e a percepção dos detalhes desse pioneiro foram seus maiores dons. Ele representa, há mais de 700 anos, um forte exemplo para todos nós e nossas organizações. O desafio é identificar, ao longo da jornada, o que merece nossa curiosidade e nossa atenção.

É hora de iniciar sua jornada

Pretendo, nos próximos capítulos, testar sua curiosidade retirando você de seu mundo costumeiro e empreendendo dez jornadas a um futuro de sucesso para seus negócios e seus clientes. Visitaremos alguns lugares notáveis e muito diferentes em busca de *insight* e inspiração. Vamos descobrir, em cada etapa, uma idéia brilhante que detém o potencial de transformar nossa vida e nosso ambiente de trabalho. Cada uma dessas jornadas tem o propósito de expandir seus conceitos sobre a origem das grandes idéias, além de lhe proporcionar uma experiência marcante do que pode acontecer quando uma pessoa se compromete a deixar sua zona de conforto. Assim, se você tiver a mente aberta, espírito de aventura, um ardente desejo de fazer a diferença e um par de sapatos confortáveis, creio que encontrará uma faísca de seu gênio interior em cada ponto do caminho.

O conceito é muito simples: estamos cercados de idéias brilhantes à espera de aproveitamento – com algumas modificações para ajustá-las a nosso caso e às necessidades de nossos clientes. Vamos conhecer, em cada viagem, um conceito fundamental e averiguar se ele se tornará um ponto de partida para a descoberta de novos e poderosos caminhos para nossa empresa e seus potenciais. Em seguida, você e seus colegas serão desafiados a fazer uma viagem pessoal para experimentar diretamente essas idéias, descobrir o que significam e identificar aquelas que devem ser aplicadas a sua organização.

Não é por coincidência que as idéias apresentadas neste livro foram extraídas de muitas experiências de vida. A própria natureza da inovação e do crescimento sugere que podemos chegar longe em nossa busca de sucesso. Essas idéias e suas implicações, portanto, talvez não sejam percebidas de imediato, mas o processo de descoberta gradativa existe justamente para abrir nossa mente às possibilidades existentes no mundo que nos cerca. Nem todas as idéias, decerto, servirão para todos os casos, mas a maior parte delas tem preciosas sementes a oferecer para a transformação de sua empresa.

A força motriz de todos os negócios é o compromisso total com a agregação dos maiores valores a nossos clientes. Sejam quais (e como) forem esses clientes, nosso ponto de partida deve ser a motivação de compreendê-los mais que qualquer outra pessoa. Essa compreensão nos dá o contexto necessário para determinar as idéias que têm o potencial de melhorar profundamente nosso estilo de servi-los e de atender a suas necessidades.

O desafio é identificar, ao longo da jornada, o que merece nossa curiosidade e nossa atenção.

Isso não quer dizer que a inovação gerada por idéias originadas da inspiração pessoal não seja importante. Ela é, na verdade, essencial para a economia como um todo, assim como para uma parte pequena, porém significativa, das empresas que têm como foco a tecnologia de ponta. Trata-se de organizações que pesquisam cura de doenças, novos e melhores computadores, instrumentos mais avançados para detectar qualquer coisa que ameace nossa segurança e assim por diante. Mas até mesmo essas empresas requerem novas abordagens e *insights* para atingir seus objetivos. Nessa perspectiva, as dez jornadas aqui descritas devem igualmente servir como ponto de partida e inspiração.

A curiosidade é um dom inato do ser humano. Viemos ao mundo com esse irresistível senso, que se manifestou livremente até o momento em que nos disseram haver limites para nossa curiosidade. Agora é sua oportunidade de brilhar.

PARTE II

Dez jornadas

Persista nas possibilidades!

Emily Dickinson

Inexauríveis, a vida e a natureza são
um constante estímulo para a mente criativa.

Hans Hofmann

Vamos nos preparar para as próximas dez jornadas tentando lembrar como é um trabalho de campo, uma excursão, e como criar a melhor condição mental para libertar nosso gênio interior. Será necessário, para isso, voltar à infância, quando as excursões e as aulas práticas significavam os melhores momentos de nossa vida escolar. Na idade adulta, durante o período em que trabalhamos nas organizações, isso se tornou bem raro. Muita gente, de fato, sente dificuldade e até ansiedade diante da perspectiva de explorar o mundo ao redor – exceto quando se trata de uma visita planejada a outra empresa. Nessas ocasiões, sempre me surpreendo com o número de adultos que ficam pouco à vontade e até constrangidos com a experiência de aventurar-se em território desconhecido na busca de idéias e de *insight*. Não é incomum ouvir deles os seguintes protestos: "Por que tudo isso?", "Não disponho de tempo para me afastar tanto do escritório" ou "Que maneira esquisita de melhorar nosso desempenho!" No fim do dia, entretanto, ficam admirados da experiência que acabam de viver e da própria capacidade de ver e pensar de formas diferentes.

Mas voltemos por um momento a uma cena de nossa infância.

Manhã de quarta-feira, e os alunos da segunda série do ensino fundamental da escola de nosso bairro preparam-se para uma excursão ao Museu Nacional da Construção de Washington. Lá encontrarão uma equipe de peritos em planejamento urbano que os ajudarão a projetar e construir uma cidade nova e melhor. Trata-se de uma tarefa difícil e de uma experiência inédita, mas tudo indica, a julgar pela energia e pelo entusiasmo, que esses garotos de 7 anos aceitaram de bom grado o desafio. Assistiram a algumas aulas sobre comunidades e agora terão chance de sair da classe e aprender a criar no mundo real.

A imaginação dessas crianças vai às alturas, e suas cabecinhas estão cheias de perguntas enquanto se dirigem ao pátio. Será que o ônibus é legal? Quanto tempo vai levar o trajeto? O que vai acontecer após a chegada? Qual será a sensação de construir uma cidade? Ela vai ser grande? Podemos pôr qualquer coisa que quisermos? Será possível levar a maquete para a escola? Vamos passar o dia todo no museu? Eles nos darão um lanche?

Depois de uma viagem de cerca de meia hora, todos descem do ônibus e, com os olhos bem abertos, entram em um dos maiores e mais notáveis edifícios de Washington. Logo aprendem que cada parte de uma cidade se inter-relaciona com as demais e que um planejamento cuidadoso e criativo ajuda a construir uma comunidade útil e adequada a todos os seus habitantes. Após a distribuição das tarefas, formam pequenos grupos para projetar e construir sua parte. Assim, nesse turbilhão de atividade, as crianças mergulham num mar de cartolinas, tintas, pincéis, cola, fitas de vários tipos, tesouras e comentários febris. A construção da cidade tem início. Nas próximas horas, a magia se revelará diante de seus olhos e dos olhos dos adultos que trabalham com elas.

Se você perguntar a seus filhos o que torna uma excursão escolar tão especial, ouvirá deles algumas respostas muito sinceras:

"A gente pode sair da escola."
"Não precisamos ficar sentados na carteira."
"Aprendemos fazendo."
"A gente vê as coisas de outra maneira."
"Podemos falar à vontade."

"A experiência da gente é real, e não apenas por meio dos livros."
"Nós podemos ver e pegar as coisas."
"A gente faz novos amigos e conhece outras pessoas muito inteligentes."
"Os adultos permitem que a gente se suje."
"A gente faz as coisas acontecerem."
"Vemos os professores em situações diferentes, agindo como todo mundo."

Seria muito difícil deixar de perceber que situações especiais desse tipo trariam benefícios aos adultos e às companhias onde trabalham. Se você recordar suas experiências escolares, verá que as excursões são partes importantes de suas lembranças – maravilhosos momentos de quebra da rotina. Eram chances de aprender no mundo real com toda a energia e todas as possibilidades nele existentes. Eram também lições ao vivo que lhe permitiam compreender a ligação entre o que você aprendia nos livros e o que aprendia por experiência direta. Essas excursões eram ainda oportunidades de exercitar as pernas, os braços e as asas da imaginação – quando os sonhos voam alto.

Por isso, saia da rotina, investigue o mundo em volta, observe as novidades, conheça outras pessoas, faça um milhão de perguntas, encontre maneiras diferentes de realizar as coisas, exercite o raciocínio, aprenda e redescubra o gênio interior. É quase impossível imaginar que essas habilidades humanas básicas já não fazem parte de nossa zona de conforto coletiva. Mas, felizmente, podemos recuperá-las.

Durante a leitura dos próximos capítulos, eu gostaria muito que você voltasse a seus dias de estudante e à magia das excursões escolares. Gostaria também que refletisse sobre o significado de uma mente aberta e curiosa. Se conseguir isso, as dez idéias aqui descritas criarão vida própria, serão muito mais tangíveis para você e talvez, espero, se tornem parte de uma nova consciência que lhe permitirá fazer clientes e negócios bem-sucedidos.

Algumas observações importantes para suas jornadas

O grande Yogi Berra, filósofo norte-americano do mundo dos negócios e jogador de beisebol, disse certa vez: "Você poderá aprender muito se souber simplesmente observar". Eu gostaria, contudo, que você e seus colegas fizessem um pouco mais. Para entender realmente o que se passa nos lugares que visita, você terá de arregaçar as mangas, ser solidário com as pessoas sempre que puder e fazer algumas boas perguntas. O teor dessas perguntas vai depender do tipo de jornada, de sua compreensão do que é de fato importante para seus clientes, do foco principal de sua empresa e de seu nível de curiosidade.

Além disso, onde quer que estejam, você e seus colegas devem tentar entender no próprio contexto as idéias que encontrarem. Evitem transferi-las de imediato para a organização onde trabalham, do contrário talvez percam parte da força original. Haverá tempo suficiente para selecioná-las e determinar sua importância quando voltarem ao escritório e puderem pensar, conversar e compartilhar suas descobertas. Só depois poderão analisar essa nova gama de possibilidades, identificar seus melhores aspectos e conceber a forma ideal de aplicá-las na transformação de seu mundo.

CAPÍTULO 5

O poder de um propósito

Idéia-chave:
Podemos obter sucesso nos negócios garantindo satisfação aos clientes.

A jornada:
Ao passado para visitar um homem que tinha frio nos pés e uma forma muito diferenciada de considerar seus clientes.

Todas as grandes organizações – e algumas que nunca foram grandes – têm início com pelo menos uma idéia brilhante, necessariamente nova, única e irresistível, capaz de atender a uma necessidade real como nunca foi possível antes. Essa idéia é, em geral, um novo produto ou serviço que muda o estilo de vida, de trabalho ou de entretenimento das pessoas. Mas é também, com freqüência, uma forma nova de fazer determinada coisa que pode alterar nossas expectativas. Em 1912, um empresário e esportista que possuía um par de pés muito sensíveis conseguiu as duas proezas. Vamos, portanto, visitar as florestas da Nova Inglaterra para conhecer um homem notável cuja audácia foi acreditar que o cliente é que deveria decidir se estava ou não recebendo valor do produto que oferecia.

1912: Calçados de caça

Leon Leonwood Bean ocupava, sem muito entusiasmo, o cargo de gerente do armazém de sua família em Freeport, no estado norte-americano do Maine. Mas sua preferência, ao que parecia, eram a caça e a pesca, paixões que regularmente alimentava. Havia, porém, um problema: durante os meses frios e úmidos era difícil manter os pés quentes e confortáveis. Por mais que procurasse, Bean não encontrava um só par de botas que fizesse esse milagre.

No início do século XX, a borracha era o único material capaz de evitar a umidade, mantendo pessoas e objetos devidamente secos. A idéia de adaptar solados de borracha aos calçados foi, na verdade, implementada pelos maias durante o século X. Esse povo, que contava com os corredores mais rápidos de sua época, moldava os próprios pés com borracha líquida para conseguir uma proteção quase perfeita. As botas de borracha, entretanto, não eram uma boa opção para longas caminhadas nas florestas da Nova Inglaterra. Em um momento de grande inspiração (ou talvez de desespero), Bean teve a idéia de costurar uma cobertura de couro em um solado de borracha – e assim nasceram as botas perfeitas para caçar no Maine. Entusiasmado com sua criação, ele decidiu entrar no ramo de fabricação de calçados de caça.

Todas as grandes organizações, e algumas que nunca foram grandes, têm início com pelo menos uma idéia brilhante.

L.L. Bean lançou seu produto poucos meses depois, e a idéia parecia bem-sucedida. Logo foram vendidos 100 pares de botas, por mala direta, a caçadores licenciados da região. Não foi um mau começo, pois o comércio da época era dominado por empresas gigantescas, como Sears e outras. Havia, porém, um pequeno problema: a parte de couro de noventa dos pares vendidos logo se soltou da base de borracha – e os clientes pediram reembolso. Determinado a preservar o sucesso de seu novo empreendimento, Bean projetou um modelo mais aperfeiçoado cuja garantia era: "Satisfação de todas as formas".

Para reforçar seu compromisso com os clientes, ele afixou o seguinte cartaz em sua loja de Freeport:

Não considero nenhuma venda completa até que os objetos adquiridos fiquem velhos e o cliente ainda esteja satisfeito.

L.L. Bean, 1916

Essa combinação de um produto inovador que atendia às necessidades reais dos clientes e de garantia incondicional de satisfação se tornaria o começo de um império de vendas por mala direta que é atualmente um nome famoso e um dos negócios mais confiáveis e bem-sucedidos dos Estados Unidos. A bota de caça do Maine pode ser encontrada, com o acréscimo da marca registrada Gore-Tex, nos célebres catálogos da empresa, em seu *site* na internet e no comércio varejista. A garantia constitui até hoje – em termos ainda mais explícitos – uma parte essencial do sucesso de L.L. Bean:

> "Nossos produtos têm garantia de satisfação total de todas as formas. O cliente poderá devolver, em qualquer momento, qualquer mercadoria de nossa fabricação que contrarie esse princípio. Fazemos questão que os produtos comprados de L.L. Bean sejam plenamente satisfatórios".

Garantias reais são importantes

A boa administração de uma empresa, de uma agência governamental ou de uma entidade sem fins lucrativos está intimamente relacionada ao sólido propósito de servir bem os clientes ou cidadãos fornecendo-lhes o produto, o serviço, a solução ou o conhecimento que de fato atenda a suas necessidades. Além disso, para que toda organização seja bem-sucedida, é indispensável que se comprometa a agregar valores reais a seu público-alvo – da melhor maneira *e* pelo tempo que for necessário.

Para isso, é preciso demonstrar muita competência na atividade que escolhermos. A capacidade de estabelecer os meios de operação de nossa empresa e de equilibrar a combinação correta de pessoas, lideranças, estruturas, processos, sistemas e valores vai determinar a realização (ou não) de nossos propósitos. Imagine o que deve ocorrer entre a L.L. Bean, empresa que fatura hoje 2 bilhões de dólares, e sua rede de fornecedores para sustentar as garantias dadas. Tente em seguida imaginar o que você e sua organização teriam de fazer para incondicionalmente garantir qualidade, satisfação, pontualidade, agilidade, competência, confiabilidade e *know-how* a seus clientes – ou qualquer outra coisa muito importante para eles.

Essa combinação de um produto inovador que atendia às necessidades reais dos clientes e de garantia incondicional de satisfação se tornaria o começo de um império de vendas por mala direta que é atualmente um nome famoso.

Tenho insistido na importância da concentração no cliente, e esse é o verdadeiro poder da idéia de L.L. Bean. É o cliente que decide se um par de botas de caça, um casaco ou qualquer outro produto oferecido pela empresa vale seu preço – não à primeira vista nem após algum tempo, e sim ao longo de toda a vida. Não há restrições, não há condições nem limite de tempo. É o cliente que julga a qualidade do produto adquirido e a própria satisfação. Nessa equação simples, ele é de fato um parceiro honesto.

A boa administração de uma empresa, de uma agência governamental ou de uma entidade sem fins lucrativos está relacionada ao sólido propósito de servir bem os clientes ou cidadãos.

Para esclarecer ainda mais esse ponto, gostaria de citar dois outros exemplos de garantias que excederam as expectativas dos clientes.

Garantias reais mudam conceitos

A Hyundai Motor Company, maior montadora da Coréia do Sul, entrou no mercado norte-americano em 1986. O alvo principal da empresa eram os jovens compradores do primeiro carro, sobretudo universitários e recém-casados, que precisavam de um meio de transporte confiável, embora não dispusessem de muito dinheiro. O Excel, modelo inicial, parecia adequado e bateu recordes de vendas nos dois primeiros anos. Esse veículo, entretanto, nem de longe atingia a excelência em termos de qualidade e *design* e logo deu origem ao conceito de que os produtos da Hyundai eram baratos, mas problemáticos.

A procedência coreana tampouco ajudou a montadora naquele final da década de 1980. Enquanto o Japão já conquistara boa reputação por fabricar veículos de *design* inovador, bons preços e alta qualidade, os produtos da Coréia do Sul ainda eram considerados fracos. Se não conseguisse superar os conceitos desfavoráveis, a capacidade de sobrevivência da empresa na América estaria ameaçada e ela não poderia expandir sua linha de produtos, tornando-os maiores, melhores e mais lucrativos.

Imagine-se, portanto, o desafio de aprimorar o *design* e a qualidade desses carros de baixo custo em um mercado que assimilava um número crescente de opções e não aceitava produtos inferiores. Imagine-se também a força de uma garantia. De fato, a única maneira de conquistar clientes potenciais descrentes da qualidade de um veículo é transformar a equação e garantir um nível de excelência que exceda qualquer expectativa. E a Hyundai fez exatamente isso. Ouviu com atenção todas as críticas e se comprometeu a melhorar os projetos e a construção de seus produtos. Mas não parou aí: ofereceu também aos compradores de seus carros a maior garantia existente no país – dez anos ou cerca de 150 mil quilômetros –, mais que o dobro das garantias de empresas como Toyota, Honda, GM, Ford, Mercedes Benz e BMW, entre outras. Essa atitude chamou a atenção do mercado porque uma garantia desse porte só poderia ser dada por uma montadora de nível internacional. Esse esforço foi recompensado em 2004, quando a Hyundai se equiparou com a Honda e se aproximou da Toyota em termos de qualidade.

Devemos estabelecer um compromisso com a competência.

A estratégia da Hyundai foi um golpe de gênios anônimos. Eles não inventaram o conceito de garantia – apenas se comprometeram a fazer mais e melhor que qualquer concorrente de sua área. Tampouco inventaram o conceito de qualidade – simplesmente se comprometeram a exigir mais do desempenho de um veículo de baixo custo. Quando o mercado não conhece você ou julga seus produtos ou serviços inferiores, vale a pena correr o risco de tomar o partido do cliente e assumir sua defesa.

Garantias reais viram o jogo

O poder das garantias não se aplica apenas às organizações que enfrentam grandes problemas de mercado. Aplica-se também às empresas já bem-sucedidas e comprometidas com a excelência. Tomemos o exemplo da Structural Systems, fabricante e distribuidora norte-americana de material de construção. Apesar de sua ótima reputação, ela atua em um setor muito competitivo em que preço, qualidade, confiança e pontualidade são essenciais ao sucesso das vendas. Que outro tipo de garantia oferecer então?

Imagine o que sua empresa faria para garantir qualidade, satisfação, pontualidade, competência, confiança e *know-how* incondicionais.

Para as construtoras, tempo é dinheiro. Projetos e prédios são elaborados e erguidos seguindo um cuidadoso cronograma. Quando há uma falha surgem problemas, e os custos extras tornam-se inevitáveis. Mas o que dizer de uma empresa capaz de reduzir os prazos de entrega de material *e* garantir sintonia perfeita com os cronogramas das construtoras? Seria por certo difícil superá-la, e a Structural Systems decidiu fazer exatamente isso. Seus gestores reduziram o tempo de produção à metade e garantiram a entrega do material em até quatro semanas. Para conseguir tal proeza, reuniram uma equipe de gênios anônimos que se incumbiram de todas as funções-chave dentro do processo de produção e entrega.

Quando o mercado não conhece você ou julga seus produtos ou serviços inferiores, vale a pena correr o risco de tomar o partido do cliente e assumir sua defesa.

Essa equipe formada por gênios "caseiros" cumpriu os prazos, testou os novos processos com clientes estratégicos, corrigiu as falhas e passou a oferecer sua garantia – cujos benefícios foram imediatos. Durante os primeiros doze meses de vigência da garantia, a empresa alcançou um índice de sucesso de 99%. E não foi por coincidência que as vendas cresceram mais de 50% no mesmo período. As garantias reais transformam expectativas e abalam velhos conceitos e setores inteiros. Ajudam as companhias a crescer e a projetar-se. O desafio da Structural Systems é agregar valores ainda maiores relacionados a sua garantia para obter sucesso contínuo em seu exigente mercado.

As garantias nos desafiam a melhorar

Mas não é fácil garantir produtos manufaturados? Afinal de contas, inúmeras empresas de renome internacional garantem suas marcas – e outras tantas, algumas muito conhecidas, chegam a oferecer garantia vitalícia daquilo que vendem. Há ainda um sem-número de organizações que garantem reembolso integral caso o cliente não fique plenamente satisfeito. Ninguém, entretanto, compra alguma coisa pensando em reembolso integral. Todos desejam, isso sim, produtos que dêem bons resultados. As garantias reais estão relacionadas à qualidade e ao valor implícitos no nome de uma empresa, e não aos recursos cabíveis ao consumidor quando ele não encontra qualidade nem valor nos produtos que adquire ou nos serviços que solicita.

Se fosse assim, as garantias reais poderiam tornar-se a exceção, e não a regra. Se alguns produtos que você adquire lhe trazem mais problemas do que valor agregado, sinta-se no direito de falar discretamente com o responsável pelo setor, que de modo geral se mostrará disposto a um acordo fielmente cumprido – desde que nada tenha de ser escrito para explicar as *condições* da incondicional garantia dada.

As garantias reais transformam as expectativas e abalam velhos conceitos e setores inteiros.

Um número crescente de companhias prestadoras de serviços tem reconhecido a força das garantias incondicionais como o melhor recurso para assegurar seu valor e distinguir-se no mercado concentrando-se no que é mais importante para o consumidor. Algumas empresas de treinamento garantem a devolução do dinheiro investido no curso caso o cliente não fique totalmente satisfeito com a experiência educacional que teve.

Essas organizações, portanto, estão na verdade sempre desafiando a si mesmas a prestar serviços cada vez mais valiosos. Em algum ponto desse processo está o poder do propósito, assim como a chance de agregar maior valor aos clientes. Trata-se da oportunidade de garantir o aspecto mais relevante do que uma empresa tem a oferecer, além de conseguir, ao longo do caminho, um considerável avanço de desempenho.

Qual é seu propósito?

Vamos agora voltar nossa atenção para sua companhia e o propósito que ela oferece aos clientes. É preciso, para isso, fazer algumas perguntas essenciais. Primeira: qual é sua proposta de valor obrigatório? Segunda: essa proposta é de fato importante para os clientes? Terceira: sua proposta de valor lhe dá vantagem real e sustentável no mercado? Quarta: de que forma você acompanha e revê seu propósito? Em seguida, escreva sua garantia da maneira mais clara possível – ela é explícita, implícita ou se baseia na idéia de ressarcimento ao cliente diante de eventuais problemas?

Antes de ficar satisfeito (ou insatisfeito) com sua garantia, eu o convido a refletir um pouco. Começamos este capítulo com uma visita a um gênio anônimo que sentia frio nos pés. L.L. Bean mostrou-se um homem brilhante, e creio que o mesmo pode ocorrer com você e seus colegas. A grande contribuição de Bean ao mundo dos negócios e das corporações foi, conforme vimos, o conceito de satisfação incondicional do cliente, e eu gostaria que você checasse o desempenho de sua empresa nesse aspecto. Sugiro, portanto, que analise o que escreveu sobre garantia e reflita: L.L. Bean ficaria impressionado com suas palavras? Se a resposta for *sim,* você já está no caminho certo. O trabalho de campo que fará agora vai ajudá-lo a reforçar ainda mais sua já sólida posição no mercado. Mas, se respondeu *não,* seu trabalho de campo inicial representará um importante desafio.

Descobrimos que uma das melhores maneiras de imaginar como ser ótimo em uma atividade é começar imaginando como ser péssimo na mesma atividade. Para conseguir isso, é preciso procurar garantias irrealizáveis e as "piores" práticas possíveis de modo que se provoque grande insegurança e receio na mente dos consumidores. Assim, antes de dar início à primeira jornada que lhe permitirá analisar seu propósito e oferecer garantias de fato valiosas, quero mencionar algumas propostas bizarras concebidas, por brincadeira, em trabalhos de campo feitos por alguns de nossos clientes.

Descobrimos que uma das melhores maneiras de imaginar como ser ótimo em uma atividade é começar imaginando como ser péssimo na mesma atividade.

Uma empresa manufatureira desenvolveu este texto incrível para demonstrar seu conceito de garantia correta:

> "Apresentamos a maravilhosa máquina de café Wizard – um verdadeiro prodígio do *design* europeu, da era da tecnologia espacial e do prazer de consumir cafeína. Basta conectá-la a seu PC ou *notebook,* seguir alguns comandos muito simples de *software* e você será brindado com um perfeito café instantâneo. Não é preciso acrescentar nada. A Wizard já traz o próprio suprimento permanente de água potável. Estamos, na verdade, tão seguros da durabilidade e do valor de nosso equipamento que oferecemos garantia integral de trinta dias – com apenas algumas exceções de menor importância (descritas em detalhes no folheto anexo). Especifique, por gentileza, a marca e o modelo de seu computador".

Quando o compromisso pleno se torna a base dos produtos ou serviços que oferecemos, demonstramos tal competência, propósito e paixão que ninguém consegue superar nosso desempenho.

Um fornecedor de aparelhos industriais de ar-condicionado apresentou a seguinte proposta de garantia:

> "Nossa empresa se empenha em executar o serviço solicitado na primeira tentativa. Contamos com técnicos autodidatas, equipamento tradicional e compromisso com a excelência para lhe proporcionar calor ou frio a qualquer tempo. Se isso não for suficiente, oferecemos nossa exclusiva garantia

de manutenção de uma hora. Caso, após esse conserto, o ar-condicionado volte a falhar, tentaremos novamente – e continuaremos tentando até resolver o problema, avariar de vez seu equipamento ou importuná-lo a ponto de você decidir chamar a polícia. A menos que haja muita pressa, poderemos até limpar a bagunça que fizermos antes de sair. Se você for um dos dez primeiros a telefonar solicitando nossos serviços, ganhará um ventilador e um aquecedor portátil".

Quem disse que é tão difícil apresentar idéias brilhantes (ou brilhantemente desastrosas)? Munidas de suas patéticas propostas, essas duas empresas fictícias se lançariam no mercado na tentativa de criar garantias exclusivas, embora esdrúxulas. Você e seus colegas podem fazer o mesmo e elaborar uma estratégia igualmente exótica antes de iniciar seu primeiro trabalho de campo. Venham em seguida ao meu encontro, pois é hora de sair e descobrir um mundo de grandes idéias, *insights* e possibilidades.

Dê início a sua jornada

Sua tarefa na primeira jornada é bastante direta. Não faltam idéias para garantir a satisfação do cliente. Para descobri-las, é imprescindível ter a mente aberta, uma forte curiosidade e o desejo determinado de elevar sua organização a níveis melhores. O objetivo é encontrar o maior número possível de excelentes exemplos de garantia durante um único dia de trabalho. Para isso, você e seus colegas terão de percorrer atentamente a comunidade e encontrar empresas que fazem e cumprem promessas incríveis a seus clientes. Talvez já saibam como dar o primeiro passo. Afinal de contas, vocês com certeza conhecem algumas organizações de nível internacional que honram suas garantias. Mas, como se trata de seu primeiro trabalho de campo, de sua primeira jornada, quero deixar três sugestões para um bom começo caso tenham certa dificuldade.

As empresas mais admiradas do mundo

Consulte a revista norte-americana *Fortune* para ver a lista mais recente das melhores empresas do mundo e escolha quatro ou cinco que tenham escritório ou filial em sua cidade. Outra opção é fazer você mesmo sua lista das companhias que operam na região tendo como base o conhecimento e a experiência de sua equipe de trabalho. Procure, em seguida, conhecê-las pessoalmente. Tente, se possível, conversar com alguns de seus empregados ou clientes para saber o que as torna tão especiais. Ponha-se no lugar dessas pessoas: é mais do que provável que tais empresas prosperem graças aos excelentes propósitos e às garantias oferecidas a sua clientela.

O universo do setor público e das entidades sem fins lucrativos

Pense nas organizações desse tipo que se tornaram pilares de sua comunidade: podem ser entidades filantrópicas, museus, teatros, a orquestra sinfônica ou o balé da cidade, o time campeão local, a biblioteca, a universidade ou um grande hospital. Cada uma dessas instituições fez, à sua maneira, uma importante promessa àqueles que serve. Suas promessas – ou propósitos – ocasionam uma forma diferente de interpretar os conceitos de valor e o poder das garantias. Escolha algumas para visitar e aprenda mais sobre sua história. Tente, em seguida, identificar seu papel na comunidade e sua garantia.

Mergulhe em seu propósito

Mantenha sempre os olhos bem abertos para descobrir regiões ou aspectos de sua cidade cheios de energia e dinamismo e saia em busca de idéias brilhantes e de garantias poderosas. Leia com atenção os jornais locais para identificar as organizações que fazem as melhores promessas. Procure conhecê-las de perto. Quem sabe o que poderá encontrar?

As garantias reais nos desafiam a evoluir de modo que transformemos nosso negócio e o relacionamento com nossos clientes. Elas também nos desafiam a revelar nosso gênio interior. Quando o compromisso pleno se torna a base dos produtos ou serviços que oferecemos, demonstramos tal competência, propósito e paixão que ninguém consegue superar nosso desempenho. O cumprimento das promessas significativas que fazemos é o alicerce de qualquer empreendimento próspero e duradouro.

CAPÍTULO 6

A magia da comunicação

Idéia-chave:
A importância da comunicação para o sucesso nos negócios.

A jornada:
Um passeio pela vizinhança com uma garota de 9 anos e uma caixa de biscoitos.

"Falar é fácil." "Ações falam mais alto que palavras." "Não fale, faça!" "Vá em frente, faça sua parte!"

Vivemos em um mundo regido pelas ações (certas ou erradas), e esse não é necessariamente um fato negativo. Se quisermos competir e vencer nos negócios hoje em dia, teremos de identificar as coisas certas a fazer e executá-las mais rapidamente e melhor que todos os outros. Será também preciso cultivar o hábito indispensável de manter conversações adequadas com aqueles que escolhemos servir. Apesar de tudo isso, parecemos ter perdido a noção da necessidade e do potencial das conversas importantes – que geram conexões essenciais, relacionamentos mais fortes e nos conferem a capacidade de agregar valor real a nossas atividades.

O desafio é ainda maior para aqueles que trabalham com vendas. Imagine o que seria possível aprender com as pessoas capazes de manter uma conversa agradável, da qual praticamente todos desejam participar. Proponho então visitar alguns vizinhos, outros tantos escritórios ou montar uma pequena barraca no pátio do maior supermercado do bairro para descobrir o que existe de fato dentro das caixas de biscoitos vendidas pelas bandeirantes (meninas que praticam a versão feminina do escotismo), bem como a magia da conversação que as acompanha.

Estratégias de venda

Não é exatamente uma grande surpresa para você o fato de que a maioria dos clientes em potencial não espera com ansiedade a chegada de um vendedor – a menos que precise com urgência de um produto, um serviço ou uma solução. Mas há uma exceção a essa regra: crianças em época de festas escolares correndo atrás dos adultos para vender doces, rifas ou arrecadar prendas! Por que profissionais bem treinados que vendem os melhores e mais avançados produtos provocam uma espécie de pânico no coração da maioria dos compradores, enquanto essas crianças que não passaram por nenhum tipo de treinamento são recebidas de braços abertos?

A melhor maneira de responder a essa pergunta é passar uma tarde ao lado de uma criança em seu circuito pela vizinhança para vender biscoitos em prol de uma festa beneficente na escola – prazer que minha esposa e eu desfrutamos nos últimos oito anos acompanhando nossas filhas nessa tarefa.

Após a venda de cerca de 300 caixas de biscoitos, na quinta vez em que repeti esse passeio, percebi que alguma coisa mágica ocorria. Carly, minha filha de 9 anos muito comunicativa, direta e divertida, batia nas portas e recebia o tipo de boas-vindas que todo vendedor ou candidato político sonha merecer. Em cada casa, os moradores olhavam sua expressão risonha, abriam um grande sorriso e diziam: "Olá, Carly, estava esperando sua visita!" ou "Que bom vê-la de volta!" A resposta não se fazia esperar: "Não se preocupem, eu jamais me esqueceria de vocês!" Ouvia-se então a seguinte conversa:

"Entre, por favor."
"Vocês têm alguns minutos?"
"Como você está crescida!"
"Como vai a escola?"
"Seus pais estão bem?"
"Como vão seus irmãos?"
"E o cachorrinho? Ainda é um filhote?"
Carly então respondia logo: "Não, não é mais um filhote, mas pensa que é".

"Lembro-me da primeira vez que comprei biscoitos de sua irmã Sara", continuava a vizinha. "Mal posso acreditar que ela já pensa em cursar a faculdade!"

"E também faz parte da banda da escola", respondia Carly.

"Que instrumento ela toca?"

"Clarineta, mas gosta mesmo é da percussão. É muito boa nisso."

"Sente-se, Carly, fique à vontade. Você quer um chocolate quente ou um copo de leite?"

"Claro! Adoro chocolate quente! Pode ser com creme?"

"Está bem! Mostre-me agora o que você traz. Há alguma novidade?"

Carly, habilidosa, dava então início à parte de "venda" formal de toda a conversa mencionando o que as pessoas (ou clientes) haviam comprado no ano anterior.

"Tenho, claro, biscoitos de menta", começava ela, "e sei que são seus favoritos. E há uma novidade este ano, os biscoitos de café, muito bons para adultos. Você pode molhá-los no café ou no leite. Não são doces demais nem têm muitas calorias."

"Quero minhas cinco caixas de biscoitos de menta e vou também experimentar os de café", respondia a vizinha. "Ótimo!", exclamava Carly enquanto preenchia o formulário. "Os de chocolate também são bons para quem gosta e trazem informações sobre as festas da escola."

"Está bem, vou ficar com uma caixa, já que você recomenda."

"Que bom para mim!", concluía Carly encerrando suas anotações. Recolhia em seguida todo o seu material, agradecia o pedido e a gentileza dos vizinhos e se encaminhava para a porta. Embora apreciasse muito o tempo que passava com cada um de seus inúmeros "clientes", ela sabia que as comissões de venda dependiam do número de visitas diárias. Era preciso equilibrar o prazer de conversar com as pessoas e a necessidade de imprimir um ritmo veloz ao trabalho. Assim, munida de seu irresistível sorriso, do grande conhecimento dos produtos que oferecia, de sua profunda honestidade e da promessa de entregar os biscoitos em duas semanas, Carly se despedia e se retirava, deixando alegria atrás de si e elevando o índice de suas vendas.

A cena que acabo de descrever se repetia em todas as outras casas visitadas até as 8 horas da noite, horário de encerramento das atividades, ou enquanto durasse o "gás" de Carly.

Se quisermos competir e vencer nos negócios teremos de identificar o que precisa ser feito e executá-lo mais rapidamente e melhor que todos os outros.

Posso dizer com certeza que essa experiência, repetida de casa em casa, estabelecia um forte vínculo com os vizinhos. Para alguns, representava talvez uma volta à própria infância. Para outros, essas visitas anuais propiciavam provavelmente o retorno a uma época mais simples e cheia de fé, quando a vizinhança e a comunidade eram o centro da vida das pessoas e o mundo parecia mais calmo e menos complicado. Para outros, ainda, valia a crença de que o dinheiro gasto se destinava a uma boa causa, como o compromisso com o desenvolvimento positivo dos alunos. E havia também aqueles que simplesmente apreciavam os biscoitos.

Não é exatamente uma surpresa o fato de que a maioria dos clientes em potencial não espera com ansiedade a chegada de um vendedor.

Devo admitir, na verdade, que os biscoitos das crianças não são os mais deliciosos do mundo. Muitos biscoitos caseiros, assim como os produtos das boas confeitarias, têm melhor qualidade e sabor. Mas há um aspecto que explica a venda tão significativa daqueles biscoitos: a natureza convidativa da conversação mantida por essa garotada incrível e bem-humorada.

Assim, em algum ponto do trajeto durante o qual acompanhei Carly, finalmente me dei conta: os biscoitos não eram tão importantes quanto a natureza e o teor das conversas que inspiravam. Isso me leva a uma pergunta: temos conversado de forma errada com nossos clientes? Em caso positivo, não seria melhor imitar as crianças em vez de recorrer a novos programas de treinamento ou a um dos inúmeros cursos de vendas disponíveis no mercado?

Vale a pena observar que a maioria desses alunos (se não todos) tem pouca ou nenhuma preparação de vendas, e isso provavelmente faz parte de seu charme. Há prêmios e recompensas anuais para as melhores vendedoras, mas são igualmente modestos se comparados ao esforço dessas bravas garotas. A venda de 250 caixas de biscoitos, por exemplo, dá direito a um bicho de pelúcia (grande). As maiores recompensas se destinam à equipe de vendas como um todo.

As crianças não se limitam à venda de seus biscoitos de porta em porta. Fazem também acordos para montar suas barracas em porta de igrejas, no pátio da escola e em outros locais de grande movimento. Esse tipo de abordagem também tem como foco principal a cordialidade e a boa vizinhança. A ação desses alunos toca a sensibilidade das pessoas.

As conversas são importantes

A comunicação clara e honesta é essencial se quisermos ser sempre importantes para aqueles que servimos. Se soubermos conversar dessa maneira, seremos capazes de estabelecer vínculos fortes com nossos clientes. A boa conversação nos leva além dos aspectos superficiais da vida e nos permite conhecer melhor as pessoas – do mesmo modo que permite que elas nos conheçam melhor como indivíduos e como organizações. As conversas verdadeiras nos revelam o mundo de nossos clientes, suas preocupações, suas motivações e necessidades, assim como suas crenças e esperanças. Tudo isso nos ajuda a agregar os valores mais adequados para eles.

Grande parte da força da conversação das bandeirantes vem da regularidade com que é renovada. É um ciclo que sempre retorna, como as estações. É um ritual que, embora se estabeleça apenas por alguns momentos, proporciona aproximação e alegria. Esse ritual sugere consideração e demonstra que as pessoas não são esquecidas. O aspecto familiar e recorrente da conversa que mantemos com nossos clientes é essencial para a sobrevivência de um bom relacionamento com eles e, portanto, do sucesso de nosso negócio.

O ideal é o equilíbrio entre o prazer de conversar e a necessidade de imprimir um ritmo veloz ao trabalho.

Quero enfatizar aqui, como em todos os capítulos deste livro, o fato de que os clientes esperam maior valor e melhor sentido das relações que mantêm com seus prestadores de serviços. Se não oferecermos nem o valor nem o sentido que desejam, eles deixarão de interagir e de fazer negócios conosco – e deixarão também de atender nossos vendedores. Talvez nos participem essa ruptura apenas por telefone ou *e-mail* ou simplesmente não nos avisem de nada.

A tendência atual das organizações, porém, é reduzir cada vez mais as conversas realmente importantes. Nós vivemos ocupados demais, deixamos de acreditar no poder da comunicação ou perdemos o interesse nela, assim como a capacidade de falar com as pessoas fundamentais para nós e nossas empresas. Recorremos a *e-mails* e mensagens de texto como se pudessem de fato substituir a conversa ao vivo. As palavras que usamos para isso são lacônicas e diretas. Não há calor humano nem curiosidade, apenas os fatos importam. Tudo indica que já não sabemos escrever nem interagir com paixão autêntica, embora a vida tenha tudo que ver com esse sentimento.

As conversas verdadeiras nos revelam o mundo de nossos clientes, suas preocupações, suas motivações e necessidades, assim como suas crenças e esperanças.

Quando afinal resolvemos falar, escolhemos o telefone, o que nos leva com demasiada freqüência à secretária eletrônica – como se esse fosse um diálogo de substância. Preferimos até mesmo as teleconferências, hoje tão populares, porque são mais rápidas e menos dispendiosas que as reuniões pessoais, embora nem de longe sejam tão produtivas e significativas. Mas o custo do tempo passado fora do trabalho ou gasto com transporte e viagens justifica plenamente essa opção. Isso faz sentido em muitos casos, mas não quando se trata da manutenção e do estreitamento de relações genuínas com os clientes.

Como conseqüência, nós nos reunimos cada vez menos! E esse fenômeno se insinua também em nossa vida social. As pessoas agora fazem compras *on-line,* fazem reservas de todo tipo *on-line,* freqüentam seminários e outros eventos *on-line* e chegam ao requinte de conversar e namorar pelo computador – sem que jamais se encontrem face a face. Já não parece tão absurdo imaginar que os ciclos fundamentais da vida, tais como batismos, casamentos e até funerais, em breve se transformem em acontecimentos virtuais.

Os clientes esperam maior valor e melhor sentido das relações que mantêm com seus prestadores de serviços.

Assim, contrariando esse cenário despersonalizado, os alunos vendedores de biscoitos nos pedem para reduzir o ritmo e conversar frente a frente, com calma e naturalidade, para trocar relatos dos acontecimentos do ano, para nos manter abertos, honestos e solidários – como as crianças costumam ser –, para notar o que mudou e o que permanece igual e para imaginar tudo o que é possível dizer por causa de uma caixa de biscoitos.

As conversações importantes requerem engajamento, consideração recíproca e sincera, que paire além dos interesses financeiros, mais conhecimento, mais compreensão e o compartilhamento de informações, *insights* e questões de valor. Para reaprender a cultivar conversas genuínas com os clientes, precisamos ser capazes de mantê-las com nossos colegas dentro das organizações. É preciso ver a empresa em que trabalhamos como uma estrutura construída sobre o valor da comunicação verdadeira.

Não é surpresa, portanto, perceber que as corporações procuram estimular e facilitar as conversas importantes, consideradas parte essencial de sua fórmula de sucesso. Um ponto de convergência natural dessas conversas são as mesas ou máquinas de café instaladas em tantas empresas. O velho hábito de "bater papo" em torno de uma xícara de café faz parte de uma tradição secular originada no Oriente Médio. Se fazemos isso em lanchonetes e restaurantes, por que não no próprio escritório, durante o prazeroso intervalo do trabalho, para renovar as energias e atualizar a conversa?

Tudo indica que esquecemos como escrever e interagir com real paixão, embora a vida tenha tudo que ver com esse sentimento.

Durante a primeira metade do século XVIII havia mais de 500 casas de café apenas na cidade de Londres. Existiam também mais de 60 mil *pubs* na Inglaterra. Esses tradicionais bares acompanham, há mais de 2 mil anos, a evolução do povo britânico, pois testemunham sua história como pontos de encontro onde camponeses, cidadãos e vizinhos se reuniam (e ainda se reúnem) para conversar, tratar de negócios, jogar e beber. São locais que representam o coração da comunidade à qual as pessoas pertencem, onde ninguém jamais é considerado um estranho.

É preciso ver a organização como uma estrutura construída sobre o valor da comunicação verdadeira.

Hoje em dia, o desafio da boa vizinhança se torna mais difícil. Mas, apesar da dificuldade de encarnar a figura do vizinho sempre solícito, ainda podemos proporcionar a nossos clientes aquela sensação, saudosa infelizmente, de cordialidade. É possível criar um ambiente acolhedor onde quer que estejamos para matar a saudade do sentido de solidariedade e de comunidade dos velhos tempos. Assim, quando a campainha tocar e um estudante aparecer em sua porta, recorde sua infância na cidade natal e receba a criança com gentileza e interesse. Ela é a guardiã da chama que tanto desejamos ou necessitamos manter viva.

Suas conversas são importantes?

Que tipo de comunicação você desenvolve com seus clientes? Consegue, com ela, gerar e manter o relacionamento mais simples, mais honesto e significativo que todos merecem? Sua conversa é relevante, cheia de expectativa e de promessas de valor, ou representa apenas o mínimo que você está disposto a dar para manter viva a relação comercial? Que tal se essa comunicação extraísse o melhor de ambas as partes?

Enquanto empreende sua jornada, pense no poder da conversação. Reflita sobre a importância que ela tem em seu mundo e sobre as lições que você e seus colegas poderiam aprender se acompanhassem uma garota de 9 anos em sua peregrinação pela vizinhança para vender biscoitos. Quais são as possibilidades de uma boa conversa? À semelhança do desafio apresentado no capítulo anterior, você talvez pense em criar os piores diálogos como um recurso para saber o que não se deve fazer (ou dizer).

Dê início a sua jornada

Agora é sua vez. As conversas importantes e as inúteis encontram-se em todos os aspectos da vida. Seu objetivo é descobrir o maior número possível de bons exemplos de conversas relevantes durante um único dia de trabalho. Para isso, será preciso percorrer atentamente a comunidade para descobrir as organizações capazes de tocar a sensibilidade de seus clientes. Você encontrará empresas, mas também escolas e outras instituições educacionais, entidades sem fins lucrativos, iniciativas de trabalho voluntário que se esforçam para ajudar a comunidade e assim por diante. Não lhe darei mais indicações porque prefiro que você desenvolva seus talentos nessa busca.

Apesar da dificuldade de encarnar a figura do vizinho sempre solícito, ainda podemos proporcionar a nossos clientes aquela saudosa sensação de cordialidade.

As conversas verdadeiras nos desafiam a evoluir de modo que transformemos não só nosso negócio como também as relações com nossos clientes. Elas nos desafiam ainda a revelar o gênio interior que existe em cada um de nós. Quando nos comunicamos genuinamente com os clientes e uns com os outros, demonstramos tanta habilidade, tanto propósito e paixão que ninguém é capaz de nos superar. A conversação real é parte essencial dos alicerces dos relacionamentos mais prósperos e duradouros.

CAPÍTULO 7

A maravilha da performance

Idéia-chave:
Com um bom desempenho podemos vencer nos negócios.

A jornada:
Sob a enorme lona branca para apreciar a performance do Cirque du Soleil.

Mesmo que não o percebamos, nossa organização depende todos os dias do próprio desempenho, e é a qualidade desse desempenho que determina nosso sucesso. Quase ninguém encara o trabalho como um espetáculo, a estratégia e as táticas como o roteiro desse espetáculo, os colegas como atores e as instalações e equipamentos da empresa como o palco e o cenário. Tampouco ninguém vê os clientes como o público que assiste ao espetáculo e algumas vezes participa dele. Apesar disso, nossa capacidade de criar um desempenho que agregue valor obrigatório inspirando o cliente poderia tornar-se o segredo do sucesso contínuo. Imagine quanto aprenderíamos com as pessoas que literalmente reinventaram uma das idéias mais consagradas de toda a história dos espetáculos. Imagine o que seria passar uma noite com os artistas que reinventaram o circo e, ao longo desse processo, criaram uma das companhias de entretenimento mais bem-sucedidas do planeta.

A reinvenção da alegria

As luzes diminuem, a multidão se aquieta e um homem de aparência inusitada entra no picadeiro. Seu nome é Monsieur Fleur, ele tem baixa estatura e biotipo esquisito e traja calças pretas, jaqueta de veludo vermelho, gravata-borboleta enorme e chapéu. Carrega um bastão grande que usa como se fosse um cetro nas mãos de um tolo que pensa ser rei. Monsieur Fleur será nosso guia nessa performance. "Alegria!", ele grita, anunciando o início do espetáculo de noventa minutos que nos abrirá um mundo novo. Em seguida, enquanto a música aumenta, ele se encaminha para a platéia e gera um clima inicial de divertimento e curiosidade entre as pessoas pelas quais passa. Escolhe um espectador, um homem alto e magro de terno e gravata, toma gentilmente seu braço, faz com que se levante do lugar e o leva para os bastidores. Todos na platéia (incluindo a esposa dele) ficam imaginando como e quando o homem retornará.

Monsieur Fleur senta-se então no lugar do homem, por alguns momentos, antes de se dirigir ao picadeiro. Ele conseguiu, nesse breve encontro, a adesão dos espectadores. Embora continuem no papel de observadores, a distância que os separava dos artistas desapareceu. Sua atenção foi totalmente capturada. E agora o espetáculo prossegue...

Trata-se da reinvenção do circo. O Cirque du Soleil (ou Circo do Sol) é uma fusão notável de várias formas de arte circense, de séculos de espetáculos de rua e de toda uma gama de outros tipos de desempenho recolhidos no mundo todo. Ele apresenta acrobacias incríveis, exibições aéreas extraordinárias, números ousados feitos com fogo, ginástica e malabarismos inacreditáveis, demonstrações inimagináveis de equilíbrio, flexibilidade e força, além de palhaços, bufões e ilusionismo. Surgem, diante de nossos olhos, personagens inesquecíveis usando trajes deslumbrantes, cenários admiráveis que são trocados como por obra de magia, música e iluminação de beleza dramática e efeitos especiais que desafiam os sentidos. Tudo isso para contar uma história que envolve alguns dos temas básicos da existência humana neste mundo cheio de problemas e hostilidade – temas como a luta pela vida, as mudanças, o envelhecimento, a busca da verdadeira identidade, a conquista de um lugar no universo e a mistura de esperança e medo, amor e ansiedade.

Nossa capacidade de criar um desempenho que agregue valor ao cliente poderia tornar-se o segredo do sucesso contínuo.

O propósito real da história é oferecer o amálgama, ou contexto, necessário para alinhavar todos os notáveis elementos da performance, que fluem em rápida sucessão. No espetáculo "Alegria", esses elementos são:

- Trapézio Sincronizado – dois acrobatas aéreos se movimentam, se contorcem e voam em uníssono desafiando, aparentemente, as leis da gravidade e da sanidade.
- Trilha Veloz – um trampolim emerge do picadeiro e Os Bronx, grupo que representa a novíssima geração, faz uma impressionante demonstração de força e graça.
- Dança das Facas de Fogo – ao ritmo frenético de tambores africanos, um artista tribal forte e ousado maneja uma e depois duas facas flamejantes em torno do corpo num crescendo de velocidade, complexidade e perigo.
- Arcos – uma jovem graciosa, com o apoio de alguns arcos prateados, faz uma apresentação de inacreditável destreza em ginástica rítmica, flexibilidade e equilíbrio.
- O Homem Forte – um brutamontes capaz de emitir um rosnado altíssimo exibe feitos de força sobre-humana.
- O Homem Voador – um artista solitário desafia a gravidade voando ao redor do picadeiro e segurando apenas uma corda enquanto executa proezas aéreas inacreditáveis.
- Barras Russas – acrobatas se lançam no ar pulando de um conjunto de barras estreitas apoiadas nos ombros de seus parceiros. Executam, em pleno ar, giros, saltos e cambalhotas incríveis.
- A Contorcionista – uma mulher-menina que mais parece um pássaro faz uma demonstração admirável de equilíbrio e flexibilidade enquanto exibe, aparentemente sem nenhum esforço, uma série de posturas.
- Barras Aéreas – um grupo de ousados acrobatas voa muito acima do picadeiro, desafiando a morte, enquanto seus componentes giram no ar e apanham uns aos outros antes de finalmente mergulhar na rede estendida sobre a arena.

Entremeados nessa gama de atrações, há outros personagens fascinantes. Um grupo de palhaços notáveis faz contrapontos certeiros com os demais artistas e seus números inacreditáveis. Nos breves instantes em que ficam sob a luz dos holofotes, exibem as emoções humanas mais básicas – humor e alegria, medo e tristeza. Durante um momento, um deles parodia a dança das facas de fogo segurando apenas uma vela para demonstrar o medo extremo que sente do fogo e no momento seguinte ele imita às avessas o homem voador mostrando seu desconforto por erguer os pés da terra firme. Os palhaços revelam, assim, os sentimentos implícitos que todos nós compartilhamos e evitamos enfrentar.

O que torna um desempenho perfeito é a capacidade de transportar o público para outro mundo, cheio de maravilhas e possibilidades.

Além de Monsieur Fleur, há dois outros guias do espetáculo, o Cantor de Branco e o Cantor de Preto. Ouvimos, ao longo de toda a apresentação, seu canto belo e insistente, modulado em uma linguagem singular que soa como uma fusão de francês, italiano, inglês e talvez outros idiomas. Eles nos comovem sem que saibamos exatamente o que dizem, e quem sabe por isso acabamos por entender o que seu desempenho nos leva a ouvir.

Existem ainda outros personagens, como os nostálgicos Velhos Pássaros, que nos lembram um bando de galinhas desengonçadas, e Os Anjos, representantes da juventude do futuro. Tamir e o Pequeno Tamir, palhaços de aparência asiática, são a encarnação da gentileza, além de atentos e solícitos observadores sempre curiosos e sorridentes.

Após a apresentação de cada elemento do espetáculo, o grande final traz de volta à arena todos os personagens para formar uma única equipe – e nenhum de seus componentes é mais notável que os outros exceto aos olhos do espectador. Esse ponto é reforçado quando os artistas mascarados removem suas máscaras para revelar os rostos de pessoas reais, exatamente como todos nós. De fato, o princípio da igualdade entre o valor e a importância do papel de cada um é enfatizado ao longo de todo o espetáculo. Quando os protagonistas se apresentam diante da platéia, os demais personagens parecem igualmente engajados na ação e merecedores de uma parte de nossa atenção – mesmo que estejam apenas sentados em um canto do picadeiro sorrindo dos prodígios realizados pelos colegas.

Um desempenho sem erros requer o planejamento correto, as pessoas certas e a prática adequada.

O Cirque du Soleil é um fenômeno internacional, um sucesso extraordinário e uma criativa fusão de performances que constituem, em si mesmas, uma nova forma de arte. Seus artistas cativaram o público do mundo inteiro, pois encantam os sentidos e desafiam as pessoas a rever o conceito de "possível" e "impossível". Suas origens, assim como sua criatividade e seu sucesso notáveis, têm recebido constante divulgação por meio da mídia, mas esse não é nosso propósito agora. A base deste capítulo, pelo contrário, é identificar tudo aquilo que envolve a criação de um desempenho perfeito. Conforme você deve ter notado por minha descrição, o Cirque du Soleil é feito de superlativos.

Uma visão da história da performance

Para compreender como o Cirque du Soleil cria desempenhos tão prodigiosos, vamos recordar um pouco da história da performance e do circo. A humanidade, ao que tudo indica, descobriu essa arte há milênios, talvez desde a Idade da Pedra. Conhecemos as peças teatrais gregas, as sagas escandinavas, que cantavam a coragem e a força, os bufões das cortes medievais, cujo sustento e às vezes a própria vida dependiam de sua capacidade de entreter e divertir os reis, e os marujos do século XVI que cantavam suas aventuras, em verso e prosa, durante as longas travessias marítimas da era dos descobrimentos.

E há, sem dúvida, o circo, que se originou na China, cerca de 2.500 anos atrás, e também em Roma. O circo chinês apresentava acrobatas, equilibristas e contorcionistas incríveis, enquanto o objetivo do circo romano, com suas corridas, seus combates de gladiadores, seus sacrifícios de animais e suas apresentações teatrais, era bastante diferente. O circo de concepção ocidental e moderna, com a adoção de três picadeiros, ou arenas, começou na Grã-Bretanha por volta de 1760. Naqueles tempos, a principal atração eram os cavaleiros habilidosos que faziam manobras ousadas, no lombo de belos cavalos puro-sangue, sem ultrapassar os limites da arena.

Pense na experiência de ser seu cliente do princípio ao fim.

É curioso constatar a notável gama de personagens criadas antes do advento do teatro de Shakespeare, das sinfonias, das óperas, do circo contemporâneo, com seus elefantes e leões, suas acrobacias na corda bamba, seus canhões que lançam gente, antes dos eventos esportivos atuais, do cinema, dos musicais da Broadway e dos concertos de *rock*. Quase todas essas atrações, de alguma forma, fazem parte do inesquecível espetáculo apresentado pelo Cirque du Soleil.

Veja seu negócio como uma performance

O que torna um desempenho perfeito é a capacidade de transportar o público para outro mundo, cheio de maravilhas e possibilidades. Nossos sentidos são atraídos, e experimentamos uma sensação especial, pois estamos diante de algo nunca antes visto. Nos espetáculos proporcionados pelo Cirque du Soleil, há atrações em toda parte: personagens e trajes incomuns, uma história que envolve outras histórias, música, luzes, fogo, atos de grande talento e ousadia, força bruta – e uma aura de graça encantadora.

À semelhança do Cirque du Soleil, todas as organizações produzem um *show* apresentado diariamente. Cada uma delas tem sua história, que tenta contar aos clientes. Cada uma delas tem atores que representam pequenos ou grandes papéis, roteiro, vestuário, palcos e cenários, além de um público que espera ser envolvido pelo espetáculo e gostar do que vê. Se a história não for envolvente, os atores não souberem seus papéis e o cenário não impressionar, o *show* ficará prejudicado. Tente lembrar todas as empresas conhecidas pela excelente performance e reflita sobre cada detalhe desse bom desempenho.

Identifique os momentos decisivos de sua performance e tente torná-los tão notáveis quanto for possível.

Os melhores *shoppings,* por exemplo, planejam e executam performances orquestradas com o máximo cuidado, pois seu objetivo é atrair e manter o interesse dos consumidores para que comprem mais – sobretudo nas datas de maior apelo comercial. Esse esforço começa quando as lojas se abrem, na mais perfeita ordem, para saudar os primeiros clientes. Durante todo o dia, uma série de atividades e promoções tenta chamar a atenção dos compradores potenciais: artistas para entreter as crianças, demonstrações de produtos recém-lançados, degustação de novas opções de alimentos e receitas para abrir o apetite e ofertas especiais. Os detalhes da performance mudam conforme a ocasião.

Cada loja também tem o próprio desempenho – algumas impressionam e outras deixam a desejar. Esse desempenho é uma combinação dos produtos ou serviços que cada uma delas tem a oferecer, da habilidade e da dedicação dos empregados, da música ambiente, das cores, dos uniformes e de outros elementos destinados a estimular as vendas.

Para que essas performances sejam perfeitas, precisamos harmonizar o planejamento correto, as pessoas certas e a prática adequada. Precisamos, também, ultrapassar as expectativas em relação a nosso desempenho se de fato quisermos fazer a diferença e demonstrar a importância que os clientes têm para nós. Arturo Toscanini, um dos maiores regentes de todos os tempos, observou certa vez: "A qualidade do ensaio é igual à qualidade do desempenho". A prática é essencial para a performance perfeita.

Como é sua performance?

O que você acha do desempenho de sua organização e até que ponto ele é diferente da performance do Cirque du Soleil? Um bom meio de entender essa questão é pensar na experiência de ser seu cliente do princípio ao fim.

- O que você faz e como se prepara para agregar valor?
- Como é o início de seu *show?*
- Que recursos você usa para envolver o cliente em sua performance?

- Quem são seus atores? Estão bem treinados? Que conhecimentos e ferramentas trazem para o *show?*
- Como eles trabalham em conjunto para oferecer apoio contínuo e integral uns aos outros e como trocam informações e tomam providências para que as necessidades dos clientes sejam sempre atendidas?
- Como apresentam novas idéias uns aos outros e aos clientes?
- De que "trajes" e "cenários" você dispõe para reforçar a experiência que deseja proporcionar aos clientes?
- Como você cria a oportunidade de elaborar a próxima performance para o cliente?
- De que forma todos esses elementos envolvem favoravelmente os produtos, os serviços e as soluções que sua empresa tem a oferecer?

Comece por sua história o planejamento do desempenho pretendido. Que propósito fundamental você traz ao cliente? Pretende entretê-lo? Quer um grande sucesso para ele? Deseja capacitá-lo a realizar coisas que jamais poderia fazer sem sua ajuda? Use seu propósito como o foco principal da performance que pretende criar e procure situar o cliente no centro dela ou pelo menos, como no Cirque du Soleil, faça-o participar do *show* rompendo as barreiras que o separam de você. Identifique, em seguida, os momentos decisivos de sua performance e tente torná-los tão notáveis quanto for possível.

Uma grande performance é única e poderosa porque desafia nossos sentidos em muitos níveis.

O início da experiência do cliente é, sem dúvida, o primeiro momento decisivo de seu desempenho, e o fim da transação é outro. De acordo com seu tipo de negócio, haverá diversos momentos decisivos ao longo do caminho, e você deve entendê-los da perspectiva do cliente para cativá-lo da melhor forma possível.

Determine, em seguida, a maneira de orquestrar toda a experiência que o cliente terá com sua empresa e faça isso cheio de propósito e energia!

Dê início a sua jornada

Agora é sua vez. Há grandes performances em toda parte, assim como outras não tão boas. O compromisso é levar sua equipe a um desempenho de alto nível. Seja qual for o setor e o tipo de atividade em que você trabalha, faça de seu negócio um meio não só de atender às necessidades do cliente como também de ampliar os limites de seu conceito de qualidade. Para inspirar-se, comece por comprar uma cópia do espetáculo "Alegria" (ou de qualquer outra performance do Cirque du Soleil) em DVD e comprometa-se a assisti-la na companhia de toda a sua equipe.

Uma grande performance é única e poderosa porque desafia nossos sentidos em muitos níveis. Ela nos mantém interessados e desejosos de saber o que acontecerá em seguida e também nos proporciona um sentido muito mais agudo da importância do papel de cada membro da equipe e da colaboração necessária para atingir nossos objetivos.

Gosto da magia e da genialidade dos artistas do Cirque du Soleil e de seu notável legado de criatividade e ousadia. Se eles foram capazes de reinventar um conceito tão vasto quanto o do circo, não há razão para duvidar de sua capacidade de reinventar seu negócio. Esse poderia ser o segredo do sucesso de seus clientes e de sua organização.

CAPÍTULO 8

Seu desejo é uma ordem

Idéia-chave:
Podemos vencer nos negócios atendendo praticamente a qualquer pedido, por mais difícil que seja.

A jornada:
Um dia na rotina do gerente de um dos melhores hotéis do planeta.

Nossas empresas são testadas pelos clientes todos os dias. Eles examinam nossas ofertas para certificar-se de que podem atender a suas expectativas, razoáveis ou não. Verificam os conhecimentos de nosso pessoal, sua presteza, seu entusiasmo e seu compromisso de servi-los. Esse exame minucioso passa também por nós para ver se somos capazes de apresentar sempre idéias novas que façam a diferença. E algumas vezes eles nos testam pedindo o impossível (ou quase). Imagine, portanto, quanto aprenderíamos com os profissionais que passam a vida lidando com os pedidos de algumas das pessoas mais exigentes do mundo em um dos ambientes mais requintados do planeta. Imagine como seria um dia na rotina da equipe que trabalha na recepção de um dos mais respeitados dentre os hotéis cinco estrelas de nível internacional. E não se abale se alguns dos problemas ou "oportunidades" que eles precisam resolver pegarem você de surpresa.

Satisfação em primeiro lugar

Com apenas cinco anos de existência, o Ritz-Carlton, localizado no Central Park, na cidade de Nova York, conquistou, com toda a justiça, a reputação de um dos hotéis mais importantes dos Estados Unidos e foi indicado, em 2006, como "um dos melhores do mundo" pela revista norte-americana *Travel + Leisure*. Trata-se de um belo edifício situado no coração de Nova York que oferece também a seus hóspedes um serviço impecável, alguns dos mais elogiados ambientes da cidade e uma das vistas mais espetaculares de Manhattan.

Como ocorre em toda a rede Ritz-Carlton, os mais altos padrões de serviço são o ponto central de sua proposição de valores. A manutenção desses padrões é prioritária para os 450 empregados do hotel, sempre prontos para atender a qualquer pedido dos hóspedes. Esse número representa o índice de 1,6 empregado por hóspede, marca notável no setor. Além disso, cada funcionário tem autorização de gastar até 2 mil dólares para manter um hóspede satisfeito resolvendo todos os problemas dele.

Em todos os casos, o foco é o mesmo: o hóspede e sua solicitação são mais importantes que qualquer outra coisa no mundo.

Os hóspedes do Ritz-Carlton são pessoas especiais a seu modo: membros da realeza européia e asiática, chefes de Estado, astros do *rock*, atletas famosos, autores de renome, grandes empresários, estrelas do setor de alta tecnologia e toda uma gama de outras celebridades. Todos têm necessidades e desejos próprios. Como as diárias oscilam entre 800 e 12 mil dólares, eles esperam não apenas ser bem tratados como também receber atenção e serviços personalizados.

Os privilegiados freqüentadores do hotel chegam de táxi, de limusine e algumas vezes até de carruagem após um passeio pelo Central Park. Entram no saguão decorado com madeiras de lei e belos arranjos de flores e são recebidos por pessoas bonitas e solícitas, o que transmite uma sensação de grande calor humano. Trata-se de um ambiente de intenso movimento onde pessoas importantes se encontram para jantar, tomar um café ou simplesmente conversar sobre os mais variados assuntos.

Tudo é uma questão de relacionamento e de tratar as pessoas como indivíduos especiais.

No saguão dos grandes hotéis fica a recepção, um agitado centro de informações, idéias e conversas discretas. Se o hóspede fizer um pedido simples, o pessoal encarregado vai atendê-lo com um sorriso, um telefonema rápido ou alguns comandos feitos no teclado do computador. Se a solicitação for um pouco mais complexa, a criatividade coletiva desses profissionais entrará em ação. Mas o foco é o mesmo em todos os casos: o hóspede e seu pedido são mais importantes que qualquer outra coisa no mundo.

Foi nesse ambiente que tive o prazer de passar um dia com Frederick Bigler, o gerente do setor de recepção e reservas do Ritz-Carlton. Ele está nessa função desde a abertura do hotel e formou uma equipe notável de nove assessores, cada um deles capaz de gerenciar o mesmo setor de qualquer outro hotel de nível internacional. Mas eles compõem aqui uma equipe altamente qualificada para exercer qualquer função. Sua rotina é receber e atender os pedidos dos hóspedes, pessoalmente ou por telefone, fornecer todo tipo de informação, até sobre roteiros turísticos e espetáculos em cartaz na cidade, receber solicitações de reservas e atender às chamadas de parentes e funcionários dos muitos executivos que comparecem a congressos ou reuniões importantes levados a efeito nas confortáveis instalações do hotel. Os telefonemas e *e-mails* parecem não ter fim – todos vindos de pessoas exigentes que têm expectativas consideráveis.

Um funcionário bem informado conta com a mais útil das qualidades.

A rede de hotéis Ritz-Carlton, embora seja uma das mais luxuosas do mundo, vive em estado quase constante de mudança, uma vez que sempre procura adaptar-se às necessidades e exigências mutantes de uma nova geração de hóspedes e visitantes bem-sucedidos. A empresa reconhece, por isso, a importância de ser mais flexível. Tal propósito faz sentido, mas requer muito mais habilidades dos empregados, e isso significa treinamento, tempo e prática.

Na base de todo esse esforço está o sólido compromisso com a excelência dos serviços do hotel e de seu pessoal. Engana-se, porém, quem pensa que o Ritz-Carlton não enfrenta concorrentes formidáveis na batalha pelos hóspedes mais abastados.

"Todo hóspede precisa sentir que é importante, assim como seus pedidos, e que temos todo o empenho em atendê-lo, pois isso é indispensável para nós" – foi a frase que ouvi muitas vezes de Bigler e seus assessores. Essa filosofia vale também para os hóspedes mais difíceis e exigentes.

Mas quais são as solicitações dos hóspedes, afinal?

Há, em primeiro lugar, as mais comuns: ingressos de última hora para o *show* de maior sucesso da cidade, sempre esgotado, ou reservas para jantar em um dos restaurantes mais famosos da região; a remoção urgente da mancha de uma peça de vestuário a ser usada em uma festa ou reunião importante; ingressos para os melhores lugares do estádio onde será disputada a decisão do campeonato de beisebol, que terá início em duas horas; um novo guarda-roupa completo, bem como uma pasta de couro de boa qualidade, para um empresário cuja bagagem se extraviou e precisa embarcar para Londres à noite; uma limusine para levar imediatamente um dos hóspedes a uma recepção; o envio a Nova York, nas próximas 24 horas, de equipamentos eletrônicos só disponíveis em Hong Kong; e o planejamento integral de um fim de semana romântico, de uma festa de noivado ou de um roteiro turístico para conhecer facetas diferentes da cidade.

Trate sempre bem as pessoas.

Todos esses pedidos são relativamente simples para uma equipe eficiente – e todos fazem parte das expectativas de clientes acostumados a receber o que solicitam e que são, quase sempre, muito justos quando bem tratados.

Quais seriam, portanto, os pedidos mais inusitados e desafiadores que um gerente de hotel poderia receber?

Certa vez um primeiro-ministro, em visita a Nova York, solicitou determinada marca de pipoca com caramelo que não foi encontrada em nenhuma loja da cidade. Quando os primeiros contatos falharam, o gerente Bigler decidiu telefonar para a sede do fabricante e descobriu que o local mais próximo para comprar as pipocas era uma loja de conveniência do subúrbio. Enviou então um carro para buscar a guloseima, e o desejo do ilustre hóspede foi atendido. A lição, nesse caso, é: vá diretamente à fonte.

Em outra ocasião, um empresário bem-sucedido queria proporcionar à esposa um fim de semana comemorativo de seu quadragésimo aniversário. Para atender a esse desejo, Bigler criou uma aventura no estilo do seriado *As Panteras* para ela e duas de suas melhores amigas. Colocava junto à porta dos quartos dessas hóspedes, todas as manhãs, uma gravação com instruções para um dia cheio de compras, passeios, diversões e um jantar muito especial. A lição, nesse caso, é: cultivar uma visão nova diante dos desejos dos clientes e saber onde encontrar as coisas que fazem a diferença.

Tais habilidades não se destinam apenas à satisfação dos prazeres dos ricos. Elas podem ser o veículo de lições importantes. Quando o presidente de uma grande corporação solicitou idéias originais para presentear seu filho, que já tinha tudo, Bigler pensou na dádiva de dar e teve uma iniciativa especial para atender a esse difícil pedido: promoveu um "pacote" benemérito do hotel por meio do qual o aniversariante e seus convidados escolheriam brinquedos que seriam comprados e dados às crianças pobres.

Há muitos outros exemplos de situações complexas resolvidas pela equipe de Bigler, como encontrar um carro blindado suficientemente grande e confortável para transportar, durante as compras, as esposas do sultão de Brunei, muito preocupado com a segurança delas, ou fazer, no meio da noite, um chamado de emergência para o único veterinário aceito por uma estrela do *rock* para tratar de seu cãozinho doente.

Segundo Bigler, algumas qualidades são essenciais para obter sucesso em sua profissão: talento, personalidade, o desejo sincero de cuidar bem dos hóspedes, habilidades profissionais condizentes com o ambiente e a capacidade de pensar com originalidade – todos os dias. Tudo é uma questão de relacionamento e de tratar as pessoas como indivíduos especiais. Ele enfatiza também a importância da manutenção de uma excelente rede de relações com donos de restaurantes, agentes teatrais, gerentes e empresários, diretores de museus, proprietários e gerentes de lojas, equipes de atendimento de outros hotéis e quaisquer pessoas capazes de colaborar na solução dos pedidos dos hóspedes. Apesar da concorrência, os hotéis costumam trabalhar em conjunto, como colegas, para prestar ajuda uns aos outros.

Comece pela criação de uma cultura de solicitude e colaboração segundo a qual todos trabalham como uma equipe para resolver os problemas dos clientes.

Revela-se então o seguinte: um funcionário bem informado conta com a mais útil das qualidades. Assim, é essencial formar uma boa rede de relações, ler e estar sempre presente nos eventos importantes do setor, embora isso não seja fácil nas grandes cidades. Trate sempre bem as pessoas. Conforme diz Bigler: "Tudo o que fazemos volta para nós de forma ampliada. As amizades que soubemos cultivar sempre nos apóiam nos momentos necessários – mesmo que não nos encontremos com freqüência".

Os pedidos dos clientes são importantes

Esse é um conceito imutável: os pedidos dos clientes são importantes para eles e deveriam ter relevância também para nós. Mas, se não formos organizados nem habilidosos o bastante para atendê-los com eficiência, eles talvez se tornem um de nossos maiores pesadelos. As coisas, porém, não precisam ser tão difíceis. Podemos começar pela criação de uma cultura de solicitude e colaboração segundo a qual todos trabalham como uma equipe para resolver os problemas dos clientes. O segredo é demonstrar de imediato que entendemos sua solicitação, que ela é de fato importante para nós e que lhe daremos atenção integral.

As redes de relações e um bom conhecimento de gerenciamento são essenciais. Poderemos aprimorar tremendamente nossa capacidade de atendimento a qualquer desejo dos clientes se organizarmos, de alguma forma, informações sobre casos anteriores que resolvemos com sucesso. Isso talvez signifique a elaboração de um sistema que registre em detalhes todas as questões surgidas e as respectivas soluções. Quanto maior e mais complexa for a organização em que trabalhamos, maior será também a necessidade de sistematizar respostas se quisermos registrar e aplicar cada *insight,* cada experiência e cada interação de funcionários e clientes.

Apresento abaixo uma lista de regras básicas de bom atendimento elaborada por Frederick Bigler:

- Agradeça sempre a todas as pessoas olhando diretamente para elas.
- Retorne todas as ligações e mensagens que receber.
- Transmita a cada cliente a clara sensação de que seu pedido é importante e você fará o máximo para atendê-lo. Dessa forma, mesmo que não consiga seu intento, ele vai apreciar e reconhecer seu esforço.
- Com interações pessoais e genuínas, você compreenderá que os clientes e seus desejos estão em constante mutação.
- Construa, desenvolva e fortaleça sua rede de relações.
- Trate bem a todos – seus colegas de trabalho e aqueles que precisam de sua ajuda – porque essa atitude positiva retornará a você. Dê o exemplo e seja atento e generoso.

Como você lida com esses pedidos?

De que forma você e sua empresa encaram as dúvidas e as solicitações de seus clientes? Como são os pedidos deles? Assim como os desejos dos hóspedes do Ritz-Carlton, eles também se dividem em duas categorias: relativamente comuns e inusitadas. E, assim como Frederick Bigler e sua equipe, você e seus colegas devem preparar-se para atender com rapidez aos mais comuns porque os outros requerem um pouco mais de criatividade.

Com interações pessoais e genuínas, você compreenderá que os clientes e seus desejos estão em constante mutação.

Você poderá atender aos pedidos mais difíceis recorrendo a suas redes internas e externas de relações. Para conseguir isso, será preciso criar uma cultura de colaboração totalmente centrada nos clientes. Imagine que seu pessoal está interligado de alguma maneira e tem, portanto, acesso a informações essenciais sobre o conhecimento, as habilidades e as conexões de cada um. Imagine agora que essas informações poderiam ser continuamente atualizadas à medida que você adquirisse mais experiência no atendimento dos desejos comuns e dos pedidos desafiadores. Se chegasse a esse nível, sua empresa teria as condições ideais para atender aos desejos dos clientes.

Dê início a sua jornada

Agora é sua vez. Sua tarefa neste trabalho de campo pode ser divertida porque você está diante da chance de viver (ou pelo menos fingir viver) como as pessoas famosas. Elas usam roupas caríssimas, dirigem carros importados, hospedam-se nos hotéis da moda e viajam a lugares exóticos onde são tratadas com toda a atenção e respeito. Mas, para falar seriamente, esta é sua oportunidade de ver como os melhores prestadores de serviços trabalham. Você e seus colegas merecem o mesmo tratamento.

O mundo dos produtos e serviços de alta qualidade

Dirija-se ao melhor e mais bem freqüentado *shopping center* de sua região. Lá você encontrará lojas que vendem produtos e serviços destinados a pessoas dispostas a gastar muito dinheiro em troca de atenção pessoal e maior valor agregado. Esses comerciantes, que se destacam pelas roupas, pelos acessórios, pela boa comida ou bebida, pelos cuidados de beleza ou pelas viagens que vendem, desejam ultrapassar os limites do simples dever para satisfazer as necessidades únicas de seus clientes. Escolha quatro ou cinco dessas lojas para visitar, explorar e aprender. Entre e observe com atenção. Converse um pouco com os funcionários e também com alguns clientes. Tente imaginar o que ocorre nesses ambientes, o que os distingue de outros estabelecimentos do ramo. Estude seu estilo de oferecer satisfação para tão distinta clientela.

Crie uma cultura de colaboração totalmente centrada nos clientes.

Segundo o diretor e roteirista de cinema Juraj Jakubisko: "É melhor ser rico e saudável do que pobre e doente". Creio que isso se aplica bem aos clientes. Os negócios voltados às pessoas de posses, para as quais o orçamento não representa maiores problemas, são afortunados – desde que, naturalmente, possam agregar valor obrigatório. Mesmo que os recursos de nossos clientes sejam um pouco mais modestos, a capacidade de lidar com qualquer de seus pedidos deve ser parte de uma fórmula vitoriosa no mercado, criadora de uma cultura de completa e notável solicitude.

A capacidade de lidar com os pedidos dos clientes deve ser parte de uma fórmula vitoriosa no mercado, criadora de uma cultura de notável solicitude.

No final do dia passado na companhia de Frederick Bigler e sua equipe de gênios no Ritz-Carlton, tive a forte sensação de que todos nós poderíamos ser mais bem-sucedidos se pensássemos e agíssemos como gerentes de hotel de alto nível. Afinal, nossos clientes gostariam muito de acreditar que seus desejos são importantes e que nós realmente nos preocupamos com eles.

CAPÍTULO 9

Quando cada segundo é importante

Idéia-chave:
Podemos vencer nos negócios se estivermos atentos, disponíveis e agirmos com brilhantismo em tempo integral.

A jornada:
O pronto-socorro onde decisões de vida ou morte são tomadas a todo momento.

A era do expediente diário das 9 às 17 horas ou mesmo das 8 às 18 horas é coisa do passado. Foi substituída pela economia global, extremamente apressada e competitiva, na qual mais e mais pessoas vivem e trabalham em tempo integral, ou seja, 24 horas por dia. E essas pessoas esperam que as empresas prestadoras de serviços façam o mesmo não apenas atuando durante "24 horas por dia e sete dias por semana" como também pela presteza em agregar valor a seus clientes a qualquer momento.

Apesar disso, a maioria das organizações faz pouco mais do que meramente discutir o conceito de presteza e disposição de servir com brilhantismo em tempo integral. Mas imagine que você não tem mais escolha e pense em seguida no que seria necessário fazer caso seus clientes atravessassem uma crise e, por não prestar assistência hábil e competente em tempo integral, você permitisse que o sucesso e até mesmo a vida deles fossem ameaçados. Há profissionais que escolhem trabalhar em condições de emergência porque essa é a única maneira de fazer diferença essencial na vida daqueles a quem prestam seus serviços. Vamos, por isso, acompanhar as atividades dos membros da equipe do melhor pronto-socorro do mundo para descobrir o que eles fazem quando a vida de seus pacientes está sob ameaça a cada minuto de cada dia.

A prontidão de uma equipe

São 2 horas da madrugada. O som agudo de uma ambulância corta a noite enquanto o veículo dispara em direção ao Pronto-Socorro R. Adams Cowley, situado no Centro Médico da Universidade de Maryland, na cidade de Baltimore. No interior da ambulância, os paramédicos lutam para manter vivo um homem jovem que levou vários tiros ao sair de um popular clube noturno. Eles também se comunicam com o hospital e passam informações precisas sobre as condições do ferido para que a equipe médica se prepare o melhor possível e consiga salvar mais uma vida. Eu deveria falar em "tentativa de salvar uma vida", mas a missão desse notável centro de tratamento intensivo não é "tentar", e sim efetivamente curar seus pacientes, por mais grave que seja seu estado. Os índices de sucesso da instituição são impressionantes: em 2006, 97% dos 7.700 internados sobreviveram, muitos dos quais ali chegaram entre a vida e a morte.

Dois telefones instalados junto do posto de enfermagem servem de centro de comando de urgência. Um deles, amarelo, recebe as chamadas dos primeiros paramédicos a recolher o acidentado, que rapidamente alertam o hospital sobre suas condições. O outro, branco, transmite boletins atualizados sobre o estado da vítima e os procedimentos do pessoal que a transporta – por ambulância ou por helicóptero.

Seis minutos depois, a ambulância chega à entrada de emergência do hospital, onde uma enfermeira e dois médicos esperam o ferido. Eles o levam imediatamente a uma das unidades de ressuscitação, sempre avaliando suas condições para determinar as medidas, as tecnologias e os tratamentos de urgência mais indicados ao caso. Se a vítima ainda está consciente e pode falar, a enfermeira faz algumas perguntas básicas: "Como se chama?", "O que aconteceu?", "O que está sentindo?" As respostas a essas perguntas ajudam a avaliar melhor a extensão das lesões e a estabelecer os próximos passos.

Em sentido mais amplo e importante, casa admissão feita por esse notável hospital é acompanhada por toda a equipe de enfermeiras, técnicos e médicos. Em qualquer dia e a qualquer momento, profissionais de categoria internacional de todas as especialidades estão de plantão, prontos para salvar vidas.

Eles contam com o apoio da tecnologia mais moderna e acessível que existe. Dentro do mundo fechado do setor de ressuscitação, há doze unidades de avaliação, seis unidades de operação e todo o equipamento de diagnóstico necessário para tratar qualquer paciente. Isso inclui uma aparelhagem de tomografia capaz de fazer o rastreamento detalhado de todo o corpo humano em treze segundos, revelando à equipe médica a localização exata de qualquer projétil, lesão ou fratura. Inclui também os mais modernos equipamentos de raios X e angiografia, um suprimento próprio de todos os tipos de sangue e a conexão direta com um laboratório que pode realizar em cinco minutos um trabalho completo de diagnóstico. Uma das enfermeiras fez um comentário interessante: “Isto aqui é muito parecido com uma nave espacial – qualquer coisa de que precisamos, em qualquer caso, está literalmente a poucos metros de qualquer paciente”.

A maioria das empresas faz muito pouco além de dar atenção superficial ao conceito de presteza e disposição de servir com brilhantismo em tempo integral.

Ao longo das próximas 24 horas, a equipe do hospital atenderá 25 novos pacientes. No dia de minha visita, havia entre eles a vítima de um acidente de carro, um homem que recebera três facadas nas costas, uma pessoa que sofrera grave lesão na coluna vertebral devido a uma queda, outra com fraturas múltiplas e uma mulher grávida de seis meses que levara um coice no estômago de um cavalo.

O exemplo do início deste capítulo ocorreu em uma das ruas mais perigosas da cidade norte-americana Baltimore, mas a vítima poderia, da mesma forma, ter chegado de helicóptero, caso se tratasse de um acidente rodoviário, de envenenamento ou de qualquer outro tipo de emergência, e pousado no heliporto do hospital. Cerca de 60% dos pacientes do centro são vítimas de acidentes de carro ou outros veículos motorizados, 25% de brigas e outros tipos de violência e a maior parte dos 15% restantes de acidentes de trabalho ou de qualquer outra natureza.

O fato de que todas essas pessoas são encaminhadas e tratadas em uma das instituições mais notáveis do país é vital para este relato, que conta a história do pronto-socorro do Centro Médico da Universidade de Maryland, de seu extraordinário sucesso e de uma das práticas mais avançadas da medicina moderna.

A hora de ouro

Há um conceito básico para esse hospital e agora para toda a medicina: trata-se da "hora de ouro", o período de sessenta minutos que se segue à ocorrência, durante o qual os cuidados que a vítima recebe determinam não apenas sua sobrevivência como também a qualidade de sua vida após o tratamento. Esse conceito, estabelecido pelo doutor R. Adams Cowley, o fundador do pronto-socorro do centro médico e pioneiro da área de tratamento de traumas, é fundamental para tudo o que ocorre dentro do hospital. Isso abrange o próprio projeto do prédio, a formação e o treinamento da equipe e todo o sistema médico de emergência (de nível estadual) que dá apoio aos profissionais. O tempo médio de transporte dos feridos até o centro, de helicóptero, é de apenas dezoito minutos.

A idéia da "hora de ouro" nunca foi comprovada cientificamente, mas segundo o doutor Thomas Scalea, médico-chefe do centro, "é absoluta como conceito" e representa "o princípio básico" da prática do tratamento de traumas. Poderia ser, na verdade, uma questão de seis, sessenta ou mesmo de noventa minutos – conforme o acidente sofrido pela pessoa e a extensão do trauma e de suas lesões –, mas o que conta é o período crítico durante o qual o tratamento mais adequado precisa ocorrer.

Cada membro da equipe está sempre pronto para a intervenção mais indicada no salvamento de uma vida.

O doutor Scalea administra o centro com notável energia e paixão por sua tarefa, além da contagiante habilidade de nos convencer de que praticamente tudo é possível. Para provar isso, relata vários casos recentes, nos quais o esforço heróico de cada participante do processo e a coragem de correr riscos calculados durante os procedimentos de urgência trouxeram muitos pacientes de volta à vida.

Recorrendo ao computador, ele apresenta o caso de uma jovem de 16 anos de idade que sofreu traumatismo craniano após a queda de um veículo em movimento. Depois da cirurgia inicial, a situação da paciente se complicou bastante. Dispondo de poucas opções, a equipe médica tomou a decisão de remover parte do crânio para aliviar a pressão exercida sobre o cérebro e manter a jovem em posição ereta, presa a uma mesa giratória, para completar o processo cirúrgico. Logo, porém, as condições da paciente se estabilizaram e ela pôde ser transferida para uma unidade de reabilitação. Três meses mais tarde, voltou à vida normal e recentemente foi aprovada em uma das melhores e mais concorridas universidades.

O esforço heróico de cada participante do processo e a coragem de correr riscos durante os procedimentos de urgência trouxeram muitos pacientes de volta à vida.

O doutor Scalea atribui o extraordinário sucesso do centro de pronto-atendimento à combinação das pessoas certas, do melhor sistema de socorro, que tem início no local do acidente, de tecnologia de ponta e alta competência, da disposição de fazer o que é preciso e da crença coletiva – expressa por todos – de que é possível salvar cada paciente. "Nosso compromisso é não deixar que eles morram", foi a frase que mais ouvi. Essa é a mensagem passada aos pacientes e a suas famílias. Nesse mundo de luta determinada contra a morte, você é tão competente quanto seu pior dia ou seu pior momento, portanto é melhor tratar de ser brilhante em tempo integral. A noção de disponibilidade nas 24 horas do dia também se aplica aos sacerdotes e outros religiosos que colaboram com o hospital, sugestão feita pelo corpo de enfermagem para atender às necessidades das famílias dos pacientes.

Mas como criar uma cultura capaz de manter uma promessa tão radical mesmo diante da possibilidade de contar com o melhor pessoal e o melhor sistema? Segundo o doutor Scalea, trata-se de uma questão relativamente simples:

Primeiro, "é preciso inspirar a genialidade em todos os níveis". Ao contrário de muitos líderes, o doutor Scalea é acessível e está presente em todos os momentos. Desde que chegou ao centro, dez anos atrás, ele trabalha 100 horas por semana e só em 2006 realizou 585 cirurgias. Gosta de deixar muito claro que está sempre disponível quando precisam dele. Podemos lembrar o caso da mulher grávida que levou um coice de cavalo. O desafio era salvar a mãe e o bebê. O médico encarregado queria outra opinião e chamou o doutor Scalea às dez e meia da noite para trocar idéias. Este, por sua vez, telefonou para dois outros especialistas para obter novo *insight* e voltou a falar com o médico para discutir mais profundamente a questão.

Você é tão competente quanto seu pior dia ou seu pior momento, portanto é melhor tratar de ser brilhante em tempo integral.

Basta uma conversa com enfermeiras, médicos, técnicos e outros membros da imensa equipe do hospital para confirmar que o senso de propósito e de possibilidade de Scalea é contagiante. "Nós nunca desistimos" – eis uma frase que se ouve de todos, cujo prêmio maior é a consciência de ter salvado mais uma vida. Existe no centro um singular espírito de equipe e colaboração que contradiz nossa falsa noção de hierarquia na medicina moderna. Uma das enfermeiras, que trabalha no hospital há quase trinta anos, comentou: "O doutor Cowley costumava recomendar aos médicos que cuidassem sempre de nós, e o doutor Scalea é igualmente comprometido com esse ideal".

Segundo, "é preciso vender o sonho de que as pessoas que trabalham aqui realmente fazem a diferença". Não é difícil, felizmente, estabelecer conexões em ambientes como o do centro de pronto-socorro. As pessoas querem trabalhar ali e participar da missão de salvar vidas. Além disso, esperam de fato ajudar os outros. Mas sempre é necessário estimular nelas a confiança na própria capacidade de obter sucesso e permitir que assumam os problemas que enfrentam. É esse senso de colaboração e responsabilidade que motiva o desejo de encontrar soluções e fazer as coisas acontecerem.

Terceiro, "é preciso acreditar que se pode fazer o impossível". Os pacientes que chegam ao centro estão seriamente feridos, e mesmo assim existe ali a forte crença de que cada um deles será salvo. Mas essa tarefa não é fácil apesar dos avanços da tecnologia e de nossos conhecimentos sobre a fisiologia humana. Dia após dia, contudo, a equipe do hospital procura novos meios de salvar vítimas que dificilmente teriam chance de continuar vivas. Isso serve para mostrar às pessoas o poder que têm, como parte de uma equipe, e lhes dá forças para superar qualquer desafio. Mesmo a morte de um paciente parece fortalecer a determinação da equipe de lutar até o fim para salvar as demais vidas.

Inspire a genialidade em todos os níveis.

Quando lhe perguntam qual será o próximo passo em seus esforços para salvar vidas, o doutor Scalea sorri e diz que toda a equipe espera poder, em breve, começar a congelar os pacientes terminais para interromper o processo traumático, curar as lesões e depois reanimá-los. Para justificar seu otimismo, ele cita promissoras pesquisas feitas com animais. "Isso inspira maior grandeza e também mais responsabilidade para nosso trabalho", conclui.

O sistema todo é importante

Já mencionei o fato de que o sistema de apoio do pronto-socorro é vital para seu sucesso, e acho importante esclarecer bem esse ponto. Nesse mundo regido pela "hora de ouro", não há tempo a perder. Isso significa contar com a combinação certa de facilidades em todo o estado e com um esquema de transporte capaz de locomover as vítimas gravemente feridas com rapidez suficiente para aumentar a probabilidade de sobrevivência. Significa também providenciar cuidados da mais alta eficiência durante o transporte dos pacientes. O estado de Maryland, nos Estados Unidos, é ideal para isso devido a suas dimensões e à excelente infra-estrutura de hospitais e instalações médicas.

É preciso ajudar as pessoas a confiar na própria capacidade de obter sucesso.

Há em todo o estado de Maryland nove prontos-socorros para adultos e dois para crianças, além de uma rede de unidades especializadas em queimaduras, lesões nas mãos e traumas oculares. No núcleo de tudo isso está o R. Adams Cowley, o único hospital que atrai profissionais da área médica do mundo inteiro (até mesmo de muitas frentes de combate), que o procuram para aprender e treinar.

Trata-se também de um hospital acessível a todas as pessoas residentes no estado graças a um sofisticado sistema de transporte por helicóptero que faz a ligação entre oito bases estrategicamente localizadas. Partindo dessas bases, equipes médicas bem treinadas podem chegar com rapidez ao local do acidente e levar as vítimas ao centro enquanto realizam, em pleno vôo, procedimentos de grande urgência.

A importância de ser brilhante 24 horas por dia

O reconhecimento de que vivemos em uma economia muito competitiva gerada pela globalização nos dá a consciência crescente de que precisamos estar disponíveis em tempo integral para satisfazer as necessidades dos clientes. Mas a expressão "atendimento 24 horas" já se tornou clichê: todas as companhias a usam de alguma maneira. Quantas delas, porém, podem de fato proporcionar fatores essenciais como conhecimento, competência e talento em qualquer momento do dia?

Assim como as empresas, nós também passamos a usar expressões retiradas do jargão da área de saúde. Temos sistemas de "cuidados" com os clientes que realmente se preocupam em servi-los da melhor forma possível. Temos pessoal "bem treinado" para acudir qualquer "emergência" e "remediar" problemas. Temos até sistemas de "triagem" para dar prioridade aos casos urgentes. Embora fosse ótimo proporcionar "cuidados" brilhantes a todos os clientes, os economistas sugerem que a maioria das empresas se concentra nos maiores ou melhores. Será que de fato nos importamos com nossos clientes? Será que temos recursos e habilidades suficientes para fazer diferença em sua vida?

Mostre às pessoas o poder que têm, como parte de uma equipe, e elas encontrarão forças para superar qualquer desafio.

Ser brilhante em tempo integral significa ser organizado o bastante para agregar valor ao cliente a qualquer momento e saber o que fazer em qualquer circunstância. Significa também contar com as pessoas certas que dispõem de treinamento e motivação para prestar o melhor serviço possível aos clientes. Significa ainda ter capacidade de comunicação para avaliar continuamente suas necessidades. Embora a maior parte das pessoas não lide com situações de vida ou morte em seu trabalho, todas deveriam comportar-se como se assim fosse para superar a concorrência.

Você pode ser brilhante em tempo integral?

Como estão você e sua empresa nesse aspecto? Será que compreende exatamente a importância crescente de estar preparado para agir com disposição e talento cada minuto de cada dia? Você conhece seus clientes a ponto de apoiá-los incondicionalmente em qualquer momento e tem os recursos, a habilidade e o comprometimento necessários para isso?

A maioria das pessoas não tem a chance de salvar vidas, mas isso não significa que elas não façam coisas importantes. Nossos clientes têm necessidades essenciais não só para obter sucesso como também para sobreviver no mundo dos negócios. A consciência disso deveria ser motivação suficiente para que agregássemos valor indispensável a eles em quaisquer circunstâncias. Esse é o desafio que precisamos vencer para bem servi-los e obter, por nossa vez, o sucesso que buscamos e merecemos.

Pense na melhor maneira de conectar pessoas e conhecimento para encontrar a solução certa no momento preciso.

Imagine uma forma de agir de modo diferente e brilhante ao atender às necessidades mais sensíveis de seus clientes. Depois imagine o meio mais perfeito possível de fazer isso em tempo integral. Pense na melhor maneira de conectar pessoas e conhecimento para encontrar a solução certa no momento preciso. Recorra também à internet para resolver essa equação. Lembre-se, porém, de que sua ferramenta de trabalho mais importante são as pessoas que realmente se preocupam com os clientes e assumem seus problemas com a firme determinação de resolvê-los. Só profissionais desse gabarito podem provar que não abandonarão o cliente até resolver todas as questões que o perturbam.

Dê início a sua jornada

Agora é sua vez. Embora não possa dizer que existam exemplos de verdadeiro "atendimento 24 horas" em toda parte, eu sei que um número crescente de organizações reconhece a importância de agregar valor a qualquer momento. Se essas empresas vêm sendo tão bem-sucedidas quanto poderiam é uma questão a analisar. Por isso, apresento algumas sugestões para ajudá-lo nessa busca.

Faça uma pesquisa ampla

Percorra o mundo que o cerca com os olhos bem abertos e observe os locais onde o atendimento em tempo integral pode ser importante. Visite um centro de serviços às 2 horas da madrugada e um supermercado ou um restaurante popular às 4 horas para ver o que acontece quando os únicos clientes são as pessoas mais carentes ou solitárias. Se o estabelecimento for bem-sucedido, procure descobrir a fórmula secreta que torna o relógio um detalhe irrelevante.

E procure o melhor sistema de apoio

Talvez você prefira começar fazendo uma pesquisa informal entre colegas, amigos e clientes para conhecer as idéias deles sobre empresas que oferecem excelentes sistemas de apoio. Dê, em seguida, alguns telefonemas em horários inusitados, mesmo que não use os produtos oferecidos por essas empresas, para verificar que tipo de tratamento e resposta vai encontrar. Com um pouco de sorte e determinação, você talvez passe pela ótima experiência de encontrar alguém realmente interessado em atender às necessidades de um cliente de última hora.

Ao sair do pronto-socorro do hospital R. Adams Cowley, eu levava comigo um conceito muito diferente de atendimento 24 horas brilhante e genial e também do que é possível quando as pessoas são levadas a acreditar que, juntas, podem fazer o impossível.

CAPÍTULO 10

Velocidade total

Idéia-chave:
Podemos vencer nos negócios se formos rápidos, mas apenas quando a velocidade for importante.

A jornada:
Nas savanas da África e no incrível ambiente do animal terrestre mais veloz do planeta.

A velocidade é importante. Como clientes, nós queremos as coisas com rapidez cada vez maior. Compramos carros mais velozes, fazemos *upgrade* no computador, usamos produtos de limpeza instantâneos e aguardamos, impacientes, pela entrega da pizza que pedimos por telefone. Preferimos os vendedores mais ágeis porque conseguem os produtos que desejamos da noite para o dia. Esperamos que as coisas aconteçam ao sabor de nossa vontade e ficamos frustrados quando isso não é possível. Consideramos as filas e qualquer tipo de espera um atraso de vida. Odiamos o tempo perdido ao telefone ouvindo mensagens gravadas toda vez que precisamos falar com determinadas empresas e repartições.

Como empresários, lutamos por maior rapidez como se isso fosse o segredo do sucesso. A velocidade, para alguns, se tornou um novo lema, baseado na esperança de conquista de muitos clientes. Mas parece que confundimos a crença incondicional na rapidez com a agilidade necessária apenas nos tempos de crise de nossos clientes. Se de fato quisermos ser rápidos no momento certo, devemos buscar inspiração na natureza. Talvez os guepardos, também conhecidos como onça africana ou leopardo caçador, belos e notáveis animais feitos para a velocidade, nos forneçam algumas pistas. Imagine, portanto, o que aprenderemos durante uma jornada pelas inesquecíveis paisagens africanas para conhecer de perto essas criaturas que sabem correr com perfeição quando é preciso.

Para sobreviver é preciso rapidez

É cedo na savana africana, e uma fêmea de guepardo procura, silenciosa, sua presa. Sentada sobre um enorme cupinzeiro, ela examina a paisagem à espera de uma gazela, um impala ou um pequeno antílope. Enxergar a presa não será problema, pois a visão dos guepardos alcança até cerca de dois quilômetros de distância. Essa extraordinária acuidade visual é uma das qualidades necessárias se a fêmea quiser comer e alimentar seus filhotes. O grande desafio é estar bem perto da presa quando a caçada realmente começar, pois os guepardos não conseguem manter sua notável velocidade por muito tempo.

Uma oportunidade se apresenta de repente: um antílope se aproxima. A caçada vai durar cerca de vinte segundos. Com sua capacidade imbatível de aceleração, o guepardo persegue o animal e logo o abate golpeando-lhe a anca. Finca em seguida os dentes na parte inferior da garganta do antílope para lhe cortar a respiração. Em questão de segundos, a presa está morta. Foi um dia de sorte. Esses ágeis predadores dedicam apenas a metade de seu tempo à caça.

Um dos felídeos mais belos e notáveis do mundo, o guepardo é o mais veloz mamífero terrestre e alcança a média incrível de 95 quilômetros por hora. É também uma das poucas espécies animais em que machos e fêmeas têm o mesmo tamanho e idêntica rapidez. Quando atinge a velocidade máxima, parece literalmente flutuar em pleno ar. O único animal que se aproxima dessa proeza é a gazela, uma de suas presas preferidas, cuja velocidade máxima atinge quase 90 quilômetros por hora, o que lhe dá ao menos uma chance de sobrevivência.

Os guepardos foram feitos para correr, e isso é muito bom para eles. Sem essa rapidez característica, teriam sérios problemas de sobrevivência. Seu ambiente é hostil e cheio de predadores, como leões e hienas, muito maiores e mais fortes. Talvez por isso mesmo desenvolvam precocemente a capacidade de correr. Com cerca de 6 meses de idade, quando os bebês humanos mal conseguem engatinhar, um filhote de guepardo já corre o bastante para evitar muitos perigos, embora isso não signifique que possa sobreviver por conta própria. Os filhotes ficam com as mães até os 18 meses, quando já aprenderam o bastante sobre caça, fuga dos predadores e sobrevivência básica para se arranjar sozinhos (e dificilmente se salvam quando a mãe morre antes desse período). Mas ainda permanecem juntos, como um grupo familiar, por seis meses – ocasião em que as fêmeas partem. É interessante observar que os machos, com freqüência, se mantêm juntos por toda a vida.

**A velocidade é importante.
Como clientes, cada vez mais
exigimos rapidez nos serviços.**

Nossos amigos velocistas são bem menores que os outros felídeos. O adulto médio pesa cerca de 55 a 70 quilos. Compare isso com os 250 quilos que um leão adulto atinge. Os guepardos tampouco são muito fortes. Ao contrário de leões e tigres, extremamente poderosos a ponto de dominar facilmente inimigos e presas, eles precisam recorrer à velocidade para preservar a vida.

Os guepardos têm também natureza relativamente mansa em comparação com os outros grandes felídeos. Ao contrário deles e de muitos animais de seu hábitat, não revelam inclinação para a luta – nem entre os membros do mesmo grupo. Por causa dessa característica, os animais maiores e mais agressivos roubam sua comida com freqüência e matam tanto os filhotes quanto os adultos.

Mas eles possuem, em contrapartida, outras características mais sutis que favorecem o desenvolvimento da velocidade e da habilidade de caçar. Entre elas, podemos citar: coração de maiores dimensões, capacidade pulmonar mais ampla e narinas mais largas. Os olhos também estão localizados num ponto mais alto que o normal para aumentar o campo visual, e eles apresentam manchas negras, semelhantes a uma fileira de “lágrimas”, que se alinham entre o canto interno do olho e a boca. Isso ajuda a impedir que o sol penetre em seus olhos durante uma caçada e os ofusque.

**A capacidade de aceleração é importante se
você for relativamente pequeno e só puder manter a
velocidade por pouco tempo.**

A característica mais destacada dos guepardos é sua capacidade de aceleração – conseguem atingir 95 quilômetros por hora em dois segundos. Tal habilidade é importante se você for relativamente pequeno e só puder manter a velocidade por pouco tempo. Os guepardos mantêm essa média apenas entre os 300 e os 500 metros iniciais, após o que precisam desacelerar. Assim, a proximidade da presa para que possam abatê-la em alta velocidade é vital. Caso contrário, não haverá o que jantar.

Mas esses velocistas natos, felizmente, não têm necessidade de correr durante o tempo todo. Eles, na verdade, passam cerca da metade do dia dormindo e descansando, como a maioria dos felídeos, pois precisam recorrer a sua incrível velocidade apenas para fazer duas coisas essenciais: caçar e fugir do perigo. Vale a pena observar que são igualmente obrigados a comer depressa para evitar que outros animais maiores e mais fortes não apenas roubem seu alimento como também os devorem na sobremesa.

A velocidade no momento certo representa tudo, e os erros podem custar muito caro.

Os guepardos, apesar do brilhantismo de sua estrutura física, estão ameaçados de extinção. Uma das maiores razões disso são as mudanças ocorridas em seu hábitat. A implantação de fazendas e o avanço do progresso têm ocupado boa parte do ambiente natural desses felídeos e reduzido o número de presas. Contrabandistas e caçadores ilegais ainda encontram mercado para sua pele, de grande beleza. Tais ameaças somam-se ao perigo representado pelos outros predadores, que sempre podem pegar um guepardo de surpresa. Em conseqüência disso, sua população mundial oscila atualmente entre 10 e 15 mil espécimes, e quase todos eles vivem na África.

A velocidade é importante

No mundo dos guepardos, a velocidade no momento certo representa tudo, e os erros podem custar muito caro. Assim, a rapidez, quando necessária, determina se eles e seus filhotes terão ou não a chance de comer e de viver por mais um dia. Há muitas outras situações na natureza e na sociedade humana em que a velocidade na hora certa é fundamental. Inúmeras espécies animais carentes de força muscular sobrevivem graças à inteligência ou à rapidez, e os seres humanos, em muitas de suas atividades, precisam recorrer a ambas para predominar e vencer.

Se você gosta de corridas, sabe que a velocidade é importante, pois constitui o principal fator da vitória. Mas essa relevância vai além do óbvio, uma vez que muitas corridas da Fórmula-1, por exemplo, são vencidas ou perdidas nos boxes *e* nas pistas. Um carro veloz é sem dúvida parte essencial da equação, mas vários outros fatores também favorecem ou prejudicam o desempenho de uma equipe no decurso de uma corrida. Quando isso acontece, os membros da equipe devem tomar decisões em segundos e executá-las com a mesma presteza para se manter na competição.

Como trabalha uma boa equipe durante o *pit stop*? Quais são seus segredos para trocar os pneus do carro, limpar algumas peças essenciais e abastecê-lo, além de fazer outros ajustes necessários, em menos de dez segundos?

As equipes dessas corridas são bem-sucedidas porque se concentram no óbvio e também nos detalhes que poderiam passar despercebidos e causar grandes problemas. No início e no final desse processo vertiginoso está, segundo o jargão da Fórmula-1, o *lollipop man* ("homem-pirulito"). Trata-se da pessoa que conduz o carro até o boxe e avisa o piloto de que ele já pode voltar às pistas. Frações de segundo são importantes nesse momento.

Nossas empresas também estarão condenadas à extinção, ou pelo menos ao esquecimento, se não pudermos adaptá-las às mudanças do mercado.

Conforme vimos no capítulo anterior, a velocidade também conta nos hospitais e em qualquer local onde a vida esteja em risco. Ela também é importante em muitos outros setores de atividade, embora as implicações não sejam tão dramáticas. Segundo o mesmo ponto de vista, a internet e os avanços da comunicação digital nos permitem compartilhar mais rapidamente as informações essenciais com nossos clientes, sócios e colegas. Esse fato, em contrapartida, causou o declínio drástico do uso dos tradicionais serviços dos correios, pois o número de pessoas que ainda escrevem e remetem cartas umas para as outras se reduz a cada ano.

A lista de setores nos quais a velocidade tem relevância e pode tornar-se um diferencial indispensável é bastante vasta. Queremos receber os produtos que adquirimos cada vez mais depressa – mesmo aqueles que são personalizados. Assim, muitas empresas prestadoras de serviços adotaram inovações consideráveis em seu processo de atendimento para corresponder a nossas urgências e estão crescendo graças a essa providência. As próprias instituições governamentais têm pesquisado novas formas de servir os cidadãos com mais presteza e eficiência.

A velocidade só tem importância se formos perfeitos na execução de um serviço que o cliente deseja receber com urgência.

Se você, portanto, acredita que a rapidez não é relevante para seu negócio ou sua organização, pense melhor. Reflita sobre o que será necessário para que, à semelhança dos guepardos ou das equipes de Fórmula-1, você se torne mais rápido e eficiente. O que pode comprometer-se a fazer com presteza? Como vai organizar-se para conseguir isso? Que pessoas devem formar sua equipe? Como vai treiná-las e prepará-las para agregar os valores prometidos aos clientes, que exigem velocidade cada vez maior de atendimento? Assim como os guepardos, nossas empresas também estarão condenadas à extinção, ou pelo menos ao esquecimento, se não pudermos adaptá-las às mudanças do mercado.

Você é rápido quando necessário?

Qual é sua situação nesse aspecto – ou a de sua empresa? Você compreende o papel da velocidade em seu sucesso final? Sabe distinguir os momentos em que ela é realmente necessária e o que você precisa fazer para destacar-se da concorrência?

Quero novamente enfatizar a importância de compreender todas as necessidades específicas dos clientes para planejar da melhor maneira possível os passos indispensáveis ao atendimento que deve ser prestado a eles. Sugiro, portanto, que você examine as atividades nas quais a rapidez é um fator relevante. Não pense, porém, apenas em termos de velocidade isolada. Ela só tem importância se formos perfeitos na execução de um serviço que o cliente deseja receber com urgência. Considere, por exemplo, as promessas de serviço rápido que inúmeros restaurantes fazem – e não me refiro aos estabelecimentos do tipo *fast food*. Muitos restaurantes convencionais prometem servir uma refeição em dez minutos, do contrário se comprometem a pagar a conta. Mas esse tipo de velocidade agrega valores adicionais aos clientes?

Observe o que é preciso fazer para se preparar nos momentos em que a velocidade é realmente importante.

E o que dizer em termos de suporte técnico? Se o sistema de computadores de nossa empresa cair, a rapidez de atendimento será de fato muito importante, mas isso só se aplica ao restabelecimento do sistema. O aumento de outros tipos de velocidade, como a dos *e-mails* e das impressoras, não é tão prioritário nesse caso. O atendimento rápido aos telefonemas é menos relevante que o bom encaminhamento deles. Tampouco adianta enviar com presteza um técnico incapaz de resolver um problema urgente.

Comprometa-se, portanto, a identificar os aspectos em que a velocidade pode dar a sua empresa uma vantagem real e pense em seguida na melhor forma de administrá-los com o indispensável brilhantismo.

Dê início a sua jornada

Agora é sua vez. Há muitos exemplos de atividades velozes e excelentes, por isso procure estabelecimentos, grandes ou pequenos, nos quais a rapidez é importante e que aprenderam a usá-la de forma vantajosa para todos. Antes disso, porém...

Comece pelo zoológico

Visite os guepardos. Embora provavelmente não os veja correr como fazem em seu ambiente natural, você terá ao menos uma idéia de sua velocidade observando sua estrutura física e aprendendo mais sobre eles. Procure também examinar outros animais de grande agilidade e tente saber os motivos pelos quais se tornaram tão rápidos. Essa experiência poderá ajudá-lo a desvendar os segredos da excelência na implantação dos sistemas mais eficazes e no atendimento rápido e perfeito de seus clientes.

Depois prossiga no mundo dos negócios

Procure por locais onde não haja filas e por atividades que vivam sob a pressão de prazos apertados. Em outras palavras, busque empresas que funcionam com a perfeição dos relógios de alta precisão. Qual é o segredo de seu sucesso? Por outro lado, o que impede o êxito de alguns de seus concorrentes?

Assista a uma corrida

Acompanhe, finalmente, uma corrida de carros – ao vivo ou pela televisão – e fique atento ao comportamento das equipes dentro dos boxes. Observe-as o melhor que puder, mesmo na ausência dos carros, para verificar o que fazem para se preparar para os momentos durante os quais a velocidade é a coisa mais importante do mundo.

Tenho profundo respeito pelos guepardos e sua notável estrutura e beleza, para não falar na genialidade inata desses animais. Seria maravilhoso se ao menos pudéssemos aprender a usar a rapidez para obter os mesmos resultados para nossos clientes. Seria, sobretudo, perfeito se pudéssemos encontrar uma forma realmente eficaz de protegê-los, bem como a outros animais silvestres, mantendo intocados os ambientes naturais em que vivem e nos deslumbram com sua beleza e seu exemplo de sobrevivência inteligente.

CAPÍTULO 11

Quando nada é tudo

Idéia-chave:
Podemos vencer nos negócios se formos brilhantes nas pequenas coisas.

A jornada:
Nos estúdios de um dos mais populares programas de televisão dos Estados Unidos – um show sobre absolutamente nada.

A arte imita a vida ou a vida imita a arte? Estou certo, porém, de que a cultura popular proporciona excelente *insight* sobre o mundo dos clientes. Acredito também que os detalhes da vida cotidiana são importantes para nós.

Durante nove anos um programa de televisão muito simples e ao mesmo tempo complexo nos lembrou, semanalmente, as alegrias e as frustrações da condição humana, embora o foco recaísse, sobretudo, nas frustrações. O seriado *Seinfeld* foi um tributo aos desafios da vida nas grandes cidades vistos através dos olhos de quatro personagens singulares e bastante exageradas. Graças às reprises, essas histórias incríveis ainda fazem parte de nossa visão de mundo nove anos depois de o último episódio ter ido ao ar.

Quando exibo algumas histórias de *Seinfeld* durante os seminários para executivos que promovo em todo o mundo, eu me surpreendo com o número de pessoas que conhecem o seriado e ficam envolvidas por suas tramas. Assim como a cultura popular imita a arte, talvez o mundo dos negócios fizesse bem se imitasse, ou pelo menos compreendesse, a sabedoria da cultura popular. No caso em questão, as pequenas coisas de nossa vida e da vida de nossos clientes representam tudo. Vamos, assim, rever o clima do seriado para recordar o que é de fato importante.

O restaurante chinês

A melhor maneira de fazer isso é comentar um dos 180 episódios de *Seinfeld*. Há muitas opções excelentes, mas vou escolher "O restaurante chinês".

A cena, conforme o título indica, se passa em um restaurante chinês popular de Nova York. Três dos quatro personagens principais do seriado – Jerry, George e Elaine – entram no restaurante para uma refeição rápida antes de ir ao cinema. Se a situação lhe parece familiar, isso vai facilitar a compreensão de nossa jornada porque o programa, com suas personagens e cenas exageradas, focaliza na verdade a nossa vida – e tudo o que ela tem de mais comum e extraordinário ao mesmo tempo.

Os "pequenos nadas" de nossa vida e da vida de nossos clientes representam tudo.

O restaurante está lotado, e nossos amigos têm de esperar por uma mesa que, segundo o *maître,* ficará disponível em cinco minutos. George espera a chegada de Tatiana, sua namorada, mas, muito ansioso como sempre, tenta em vão falar com ela por telefone. O tempo passa e Elaine, apressada e insegura, começa a sentir muita fome. Além disso, está zangada porque outros clientes, que chegaram depois deles, já estão acomodados em suas mesas. George continua ligando para Tatiana, mas ninguém atende ao telefone. Enquanto isso, Jerry vê uma funcionária de seu tio, a quem contou uma mentira para poder sair naquela noite com seus amigos. Ela também o viu, e não há nada a fazer para remediar o "desastre". Tatiana liga agora para o restaurante procurando por George, mas o garçom pronuncia mal o nome do rapaz e ele perde a oportunidade de falar com a namorada. Elaine, que está morrendo de fome, dá 20 dólares ao *maître* para conseguir logo uma mesa – mas isso de nada adianta. Frustrados e famintos, os três deixam o restaurante. Um minuto depois, o *maître* os chama para ocupar uma das mesas.

Em um breve episódio, os autores e os intérpretes de *Seinfeld* promoveram uma sucessão de "nadas" que chamam nossa atenção e nos revelam que o mundo está repleto de um número quase ilimitado de pequenas coisas que ocorrem no cotidiano e podem causar problemas. Multiplique essa situação por 180 episódios e terá uma idéia mais clara da magnitude dos "pequenos nadas" que aborrecem profundamente as pessoas. O seriado também nos mostra que essas "coisinhas" tomam muitas vezes proporções gigantescas na mente e na vida de nossos caros e patéticos personagens.

O mundo está repleto de inúmeras pequenas coisas que ocorrem no cotidiano e podem causar problemas.

Seinfeld tem muitos episódios dignos de nota. Os quatro protagonistas, assim como outros personagens, regulares ou não, dão vida aos temas aparentemente mais insignificantes de nosso dia-a-dia.

Os "pequenos nadas" são importantes

Sem necessidade de forçar a imaginação, poderíamos supor que esses personagens representam nossa vida e a vida de nossos clientes, embora eu tenha certeza de que não somos tão patéticos, neuróticos, egocêntricos nem inseguros quanto eles. As pequenas coisas significam muito. A soma dessas pequenas coisas, na verdade, é o que mais importa para inúmeras pessoas – e clientes. E a capacidade de nossa organização de tornar perfeitos esses pormenores vai, provavelmente, determinar nossa vitória ou nosso fracasso.

As pequenas coisas, boas ou ruins, realmente contam.

O que fazer, portanto, para chegar a isso? Volte à cena do restaurante chinês por um momento e pense no que *você* faria para que as pequenas coisas ali ocorridas dessem bom resultado. Vou, além disso, relatar como exemplo uma experiência negativa que tive com uma empresa de TV a cabo. Estou certo de que milhões de pessoas no mundo inteiro ficaram satisfeitas com seu equipamento e foram bem atendidas pelas companhias que contrataram, mas não mereci tal sorte. Vamos aos fatos.

A Comcast, a maior empresa de TV a cabo dos Estados Unidos, procurou-me com insistência, durante semanas, oferecendo-me um "pacote" imperdível de múltiplos canais, internet banda larga e telefone. Quando afinal aceitei, tratamos de marcar uma data para a instalação dos equipamentos, mas os funcionários estavam sobrecarregados e seus horários não coincidiam com os meus. Conseguimos, enfim, marcar a instalação para dali a dez dias "durante o período da manhã". Na data marcada, eu ingenuamente ainda esperava que executassem o serviço dentro do prazo estabelecido. Afinal, não seria próprio de uma empresa líder de seu setor obrigar os clientes a uma espera tão longa que prejudicasse até mesmo os compromissos de trabalho.

Identifique as pequenas coisas que podem fazer o cliente sorrir ou se aborrecer e comprometa-se a atendê-las com compreensão, consideração e habilidade.

Contrariando todas as minhas esperanças e suposições, a equipe técnica da Comcast só apareceu após as 14 horas. Mas esse não foi o único problema: a metragem dos cabos era insuficiente para a instalação de todo o pacote – e somente duas semanas, três novas visitas e muita burocracia depois os cabos foram trazidos e postos em seu lugar. Mas a imperícia dos "técnicos" causou sérios distúrbios em minha linha telefônica, que durante meses ficou desativada. Diante da inutilidade de minhas queixas e reclamações, orais e escritas, decidi deixar de pagar as contas, e a Comcast finalmente anulou o contrato firmado comigo. Senti enorme alívio ao devolver todo o equipamento e encerrar uma das piores experiências de minha vida com uma empresa prestadora de (maus) serviços.

Esse foi um caso óbvio de acúmulo negativo de "pequenos nadas" que, por absoluta falta de visão e compromisso da empresa envolvida, resultaram em uma experiência altamente prejudicial que afastou para sempre o usuário. Quantas vezes isso se repetiu? Mas a maioria das organizações não é tão ruim. As companhias, na verdade, coletam e usam informações fornecidas pelos próprios clientes – providência que a Comcast admitiu nunca ter tomado. As empresas em geral oferecem treinamento técnico adequado a seu pessoal para que seus produtos funcionem corretamente. A preocupação delas, afinal, é conservar a clientela.

Há muitas formas de agir com brilhantismo em relação aos pormenores, sobretudo se eles dizem respeito a bens e serviços básicos que as pessoas e as companhias adquirem. E é isso, com muita freqüência, que realmente importa para o cliente. Identifique as pequenas coisas que podem fazer o cliente sorrir ou se aborrecer e comprometa-se a atendê-las com compreensão, dedicação e habilidade.

Você é bom com os "pequenos nadas"?

Quais são os pormenores importantes na vida de seus clientes? Sua organização é hábil na hora de lidar com eles?

Para verificar essa questão, examine os dados sobre os problemas, as preocupações ou as queixas mais comuns que seus clientes apontam. Você não tem esses dados? Faça então uma pesquisa completa entre eles para saber o que pensam das pequenas coisas que, afinal, são tão importantes. Esse pode ser um ótimo ponto de partida para que você e sua equipe aprendam a transformar cada problema em solução positiva. Se compreender os pormenores mais do que ninguém e se comprometer a atendê-los da melhor forma possível, você terá uma vantagem considerável sobre seus concorrentes.

Mas não pare aí: recorde a experiência de ser cliente de si mesmo do começo ao fim. Essa análise, feita com abertura e curiosidade, vai ajudá-lo a identificar uma gama mais abrangente de pequenas coisas importantes para sua clientela e você poderá concentrar-se com mais facilidade na descoberta de soluções brilhantes para todas as situações.

Dê início a sua jornada

Agora é sua vez. Procure por estabelecimentos de sua região nos quais as pequenas coisas significam muito.

Veja um ou dois episódios de Seinfeld

Assista a alguns episódios da série com sua equipe e anote todos os "pequenos nadas" que enlouquecem as pessoas. Faça a correlação dessas observações com a realidade de seus clientes e pense: a interação deles com você ou sua organização lhes causa pequenas ou grandes frustrações? Discuta essa questão com sua equipe e planeje com ela um novo esquema de atuação para agregar valor real aos clientes.

Depois prossiga no mundo dos negócios

Procure estabelecimentos que descobriram soluções ideais para lidar com clientes difíceis e desafiadores. Você provavelmente encontrará tal característica em negócios e atividades baseados em grande número de interações ou transações, assim como as empresas prestadoras de serviços. Visite as melhores. Desde que você não seja um concorrente, terão prazer em compartilhar seus segredos e suas diretrizes.

Afinal, para atender corretamente a todos os pormenores que cercam nossos clientes e representam uma fonte de aborrecimentos potenciais, devemos sempre imaginar que estamos no lugar deles.

CAPÍTULO 12

Trata-se *realmente* de ciência espacial

Idéia-chave:
Podemos vencer nos negócios se formos perfeitos ou pelo menos chegarmos perto da perfeição.

A jornada:
Ao lançamento de um foguete Atlas 5 *e ao mundo dos cientistas espaciais.*

Quando defrontamos um desafio na vida pessoal ou profissional, é comum dizer: "Não se trata de ciência espacial nem de cirurgia cerebral!" Afinal, nossas atividades diárias dificilmente seriam tão complexas. A implicação desse comentário é: "Faça o que precisa ser feito". Não estamos tentando aterrissar uma pessoa na Lua, e sim apenas atender adequadamente nossos clientes. E isso, sem dúvida, não requer um título de doutorado.

Mas que tal se, de fato, agíssemos com a precisão dos cientistas espaciais? Seríamos capazes de fazer diferença significativa na maneira de servir nossa clientela? Poderíamos lidar com os desafios diários com mais habilidade e melhores resultados? Sinto que a resposta é *sim,* mas, para obter juntos essa confirmação, vamos empreender uma jornada ao ambiente de um dos programas espaciais mais bem-sucedidos do mundo e ver o que é necessário ao êxito de uma missão. A resposta pode ser surpreendente.

Janeiro de 2006: Missão espacial

Estamos na contagem regressiva do lançamento da missão *New Horizons* (Novos Horizontes), da Nasa, a agência espacial norte-americana.

Esse engenho, transportado pela última geração de foguetes *Atlas 5,* vai iniciar uma viagem de dez anos para Plutão e o Cinturão Kuiper, região de antigas formações de rocha e gelo situada além da órbita de Netuno. A nave, durante o trajeto, passará por Júpiter e fará mais de 700 observações desse planeta gigantesco e de seus quatro maiores satélites. No mundo pioneiro da ciência espacial, missões como essa servem, entre inúmeras outras finalidades, para ampliar nossa compreensão da estrutura e do desenvolvimento do universo.

No mundo dos cientistas espaciais, não há lugar para erros.

Essas missões também ampliam o conhecimento e as capacidades de uma notável equipe de cientistas e engenheiros que trabalham para a Nasa e de seus parceiros mais importantes, como a Lockheed Martin, que implementou o desenvolvimento do foguete *Atlas 5* mais recente, e o Laboratório de Física Aplicada da Universidade Johns Hopkins, que construiu a *New Horizons,* a mais veloz nave espacial já lançada. Caso nem tudo seja perfeito e a missão fracasse, esse incrível foguete e sua preciosa carga terminarão abruptamente na primeira página dos jornais de todo o planeta. No mundo dos cientistas espaciais, não há lugar para erros. Anos de intenso trabalho, desenvolvimento, testes e aprimoramento foram investidos nessa missão. Nos minutos que antecedem o lançamento, toda a equipe está plenamente concentrada e alerta nas preparações e checagens finais.

Após a contagem regressiva e toda a tensão que envolve situações desse tipo, uma expressão de alívio toma conta de todos diante da confirmação de que o lançamento foi um sucesso. Só resta festejar. Mas quem são essas pessoas que parecem tão diferentes de nós? Haverá alguma coisa a aprender com elas e com seu estilo de trabalho que nos ajude a agregar maior valor a nossos clientes?

O sucesso das missões e o conceito de "andar com asas"

John Karas passou a vida toda envolvido com foguetes. Seu pai e seus tios, antes dele, trabalharam na área – de modo que o assunto sempre foi discutido à mesa do jantar e ele sempre teve livre acesso a algumas das figuras mais ilustres do setor aeroespacial. Mais tarde, como engenheiro estagiário da Nasa durante o curso universitário, trabalhou na última missão *Apolo-Soyuz*. Desde então, tem participado de todos os principais programas de construção de foguetes até chegar à direção do *Atlas 5*. Ocupa agora um alto cargo executivo na Lockheed Martin, uma das maiores corporações aeroespaciais do mundo.

A ciência espacial está intimamente ligada ao sucesso das missões.

O *Atlas 5* foi o programa de lançamento de foguetes mais bem-sucedido até hoje. Tive recentemente a oportunidade de conversar com John Karas e seu colega Ron Paulson, também alto executivo da Lockheed Martin, sobre o verdadeiro segredo do sucesso dos cientistas espaciais. Sua visão difere um pouco do que eu esperava devido ao conceito que temos dos gênios do setor e à fascinação provocada pelos notáveis artefatos que constroem.

Para entender o ponto de vista deles, vamos começar pela realidade básica de que a ciência espacial está intimamente ligada ao sucesso das missões. Isso significa a implementação de um projeto de foguete capaz de lançar com sucesso uma carga ao espaço de acordo com as exigências e limitações específicas do cliente e de sua "missão". Não é o mesmo que simplesmente riscar um fósforo e esperar que se acenda. Quando falha uma missão, e isso implica sempre, pelo menos, tremenda perda de investimento de dinheiro e tempo, todo o projeto é retirado de produção. Na missão *Atlas 1,* por exemplo, houve duas falhas que causaram o fim da empresa responsável pelo projeto. Uma delas ocorreu quando um pequeno parafuso se deslocou de seu lugar. Por mais complexo que seja, um foguete pode ser apenas tão bom quanto sua peça mais fraca (ou menor).

Isso significa que o princípio essencial que orienta os cientistas espaciais é o da "evolução controlada", um processo de análise e mudança que resulta em novos e revolucionários avanços conseguidos ao longo de determinado período. O lançamento da nave *New Horizons* marca o último passo dessa evolução. A versão mais nova do *Atlas 5*, com todas essas mudanças progressivas, é o maior e mais veloz engenho voador já construído pelo homem e pode atingir a marca de cerca de 90 mil quilômetros por hora. John Karas chama esse processo de "regra de andar com asas". Ele explica: "Você avança em pequenos passos dados a intervalos não muito distantes. Em outras palavras, você não deve abrir mão de um projeto até estar seguro da absoluta eficiência do projeto seguinte".

Por mais complexo que seja, um foguete pode ser apenas tão bom quanto sua peça mais fraca (ou menor).

Em vez de se mostrarem tremendos inovadores apresentando conceitos e projetos inteiramente novos, os cientistas espaciais procuram sempre aperfeiçoar o que já conhecem. Assim, essa genialidade que "anda de asas", combinada com a meticulosa atenção dirigida aos detalhes de engenharia e reengenharia, constitui o ingrediente principal do sucesso do setor. Isso não quer dizer que o lançamento bem-sucedido de um foguete não seja uma proeza notável. Afinal de contas, estamos falando de uma explosão controlada na qual o combustível flui com muita rapidez, a temperatura se eleva em demasia e muitas variáveis podem interferir. Mas a capacidade de eliminar erros potenciais é vital.

Por que então continuar mudando em face dessa realidade? Porque os clientes e suas necessidades também mudam e sempre há o "desconhecido imponderável", assim como fatores climáticos, explosões solares e relâmpagos, que leva os cientistas espaciais a buscar maior robustez e mais dispositivos de segurança para seus sistemas e engenhos.

Em vez de se mostrarem tremendos inovadores apresentando conceitos e projetos inteiramente novos, os cientistas espaciais procuram sempre aperfeiçoar o que já conhecem.

O fato é que até mesmo os usuários de foguetes procuram sempre por maiores valores, e a concorrência chinesa, russa e européia também trabalha duramente tentando ser melhor e fazer a diferença. Devido ao lançamento de cinqüenta a sessenta foguetes todos os anos, não sobram hoje muitas oportunidades de negócio, embora isso possa mudar. Assim, por enquanto, o conceito de que "se não inovar, você morrerá" está sempre presente na cabeça dos cientistas espaciais.

As possibilidades do espaço

Quem sabe o que o futuro reserva para esses pioneiros? Sabemos, porém, que há atualmente no espaço muito mais atividade humana do que poderíamos imaginar. Além da estação espacial internacional e das periódicas missões tripuladas, um fluxo constante de lançamentos de foguetes que transportam satélites comerciais dá vazão ao crescente apetite da humanidade por telecomunicação e entretenimento. Há também engenhos destinados ao rastreamento ou à previsão de mudanças climáticas, à observação da conservação do solo e à espionagem, sem falar na vasta lista de satélites militares cujos propósitos nem sempre são revelados. Segundo estimativas, existem de 800 a 1.000 satélites em órbita da Terra, e muitos deles são hoje considerados lixo espacial – porque deixaram de operar ou ficaram antiquados demais para atender a nossas necessidades atuais.

A capacidade de eliminar erros potenciais é vital.

Nós pensamos agora no espaço não como "a fronteira final", e sim como uma região cheia de novos e eletrizantes desafios e necessidades de defesa. Além da idéia de estabelecer possíveis colônias na Lua, os cientistas estão tentando determinar a viabilidade de enviar missões tripuladas a Marte. Há empresários que vêem no espaço uma vertente de turismo diferenciado e uma oportunidade de instalação de novas unidades de produção de artefatos industriais altamente técnicos cuja implementação seria mais vantajosa em ambientes de pouca ou nenhuma gravidade. Quem sabe o que haverá nos próximos cinqüenta anos? Sabemos da existência de planos políticos de usar o espaço como local de defesa nacional ou internacional em caso de eventuais ataques.

Dessa forma, os foguetes e seus construtores continuarão a caminho da próxima revolução espacial.

A busca da perfeição é importante

O que os cientistas espaciais têm para nos ensinar sobre sucesso do cliente e dos negócios? A resposta depende da possibilidade de sua organização ter ou não de oferecer produtos, serviços e soluções perfeitos ou próximos da perfeição. Se esse for seu caso, há dois conceitos essenciais à capacidade de agregar valores indispensáveis: o da evolução controlada e o da elaboração de um processo de eliminação de erros potenciais.

Fiz recentemente uma pesquisa na internet sobre "produtos e serviços perfeitos" e obtive mais de 43 milhões de resultados. Embora eu saiba que nem todas essas ofertas são exatamente "perfeitas", a resposta recebida leva a crer que a perfeição é de fato importante. Os resultados abrangem praticamente todos os setores de atividade. E essa é apenas a ponta do iceberg. Havia um volume de perfeição suficiente para fazer qualquer pessoa se sentir imperfeita ou pelo menos inadequada.

Há dois conceitos essenciais à capacidade de agregar valores indispensáveis: o da evolução controlada e o da elaboração de um processo de eliminação de erros potenciais.

A perfeição (ou pelo menos a promessa de perfeição) não é, portanto, uma idéia nova. Mas quantos desses produtos, serviços e soluções se aproximam realmente da agregação de valores que anunciam? Não será simplesmente exagero de marketing? E tudo isso será de fato relevante para os clientes?

Para muitos deles, a perfeição, ou pelo menos a inexistência de erros, é realmente importante. Esses clientes requerem um produto ou serviço específico para bem administrar sua vida, sua atividade ou sua organização. E isso, muitas vezes, abrange:

- Vacinas ou outros medicamentos essenciais que dão às pessoas a condição de sobreviver ou de controlar doenças.
- Fontes de energia (ou pelo menos geradores) para manter ativos e estáveis os equipamentos necessários à manutenção da vida.
- Sistemas de computação livres de colapsos e fora do alcance de *hackers* porque contêm dados vitais.
- Sistemas de alarme eficientes na proteção de pessoas e de bens materiais.
- Redes de comunicação para tropas lotadas nas frentes de batalha ou para situações de emergência.
- Veículos motorizados para garantir a segurança pessoal (blindados, por exemplo).

Sua atividade ou sua organização se enquadra nessas categorias? Em caso positivo, analise sua maneira de fazer as coisas quando você não pode falhar.

Em primeiro lugar, você realiza uma série de testes e de planos para evitar qualquer possibilidade de erro. Desenvolve, em seguida, um protótipo detalhado para ser testado ao infinito e recorre ao melhor conhecimento e à mais avançada tecnologia disponíveis. Mas tecnologia é apenas um conjunto de regras sobre o que conhecemos, e não sobre o que *não* conhecemos. Por isso, é preciso tomar decisões acertadas ao longo do processo e levar em consideração as limitações do conhecimento humano e os riscos trazidos por essas limitações, assim como a melhor forma de reduzi-los ou eliminá-los.

Para ser bem-sucedida, a ciência espacial requer uma combinação correta de eficiência técnica, tecnologia, pessoas competentes, ferramentas, processos e sistemas, cultura e atitudes adequadas, senso de curiosidade e liderança para harmonizar tudo isso. Essa é, de certa maneira, a fórmula de sucesso de muitas empresas. A necessidade de evitar falhas também exige curiosidade e duas perguntas recorrentes: "Isso vai mesmo dar certo? Podemos fazer melhor?"

Essas perguntas são razoáveis para todos nós. A capacidade de conseguir um desempenho próximo da perfeição do ponto de vista do cliente, embora nem sempre essencial, pode tornar-se uma estratégia prodigiosa que nos daria um diferencial vantajoso sobre a concorrência e nos permitiria agregar muito mais valores indispensáveis.

A perfeição está ao seu alcance?

Como você e sua empresa se situam nesse aspecto? A busca da perfeição é de fato importante para seus clientes? Em caso positivo, como você definiria a perfeição em sua área de atividade?

Se você não é um cientista espacial, sugiro que se esforce para se tornar o melhor de seu setor. O verdadeiro desafio é a identificação da maneira mais eficaz de aprimorar rapidamente seus produtos ou serviços. Procure fazer mudanças progressivas relevantes sem nunca perder de vista o objetivo de proporcionar o mais alto grau de satisfação aos clientes. Para finalizar, elabore um meio de eliminar eventuais falhas.

Dê início a sua jornada

Agora é sua vez. Como já vimos, não faltam promessas de perfeição no mercado. Sua tarefa é encontrar exemplos significativos de desempenho perfeito (ou quase) e adaptar os conhecimentos que adquirir à sua atividade ou empresa.

Procure por três exemplos

Para começar, reflita sobre os empreendimentos que você conhece para os quais a perfeição é realmente importante. Procure em seguida por organizações cujos produtos ou serviços sejam comparáveis aos seus (mas em áreas diferentes) e cujo foco se concentre na alta qualidade e na máxima ausência de defeitos. Verifique o que fazem para cumprir sua promessa de perfeição e a que "asas" recorrem para abrir aos clientes o caminho do sucesso.

Isso vai mesmo dar certo? Podemos fazer melhor?

Nossa tendência é pensar com reverência nos cientistas espaciais. Afinal, eles são muito mais sofisticados que as pessoas comuns. Ao encerrar esta jornada, contudo, trago a sensação clara de que, se aplicarmos nosso gênio interior a todas as coisas realmente importantes da vida, poderemos sempre afirmar: "Trata-se *mesmo* de ciência espacial!"

CAPÍTULO 13

Sem sorriso não há sucesso

Idéia-chave:
Podemos vencer nos negócios tornando nossos clientes mais felizes e saudáveis.

A jornada:
A uma sessão de exercícios que proporcionam bem-estar interior e exterior.

A boa forma é importante, gostemos ou não de admitir isso. Quando estamos bem, temos mais chance de agir com eficiência. O bom desempenho físico e mental torna-se mais fácil. Mesmo assim, muitas pessoas, se não a maioria, mantêm uma relação de amor e ódio com os exercícios físicos. Relutamos em praticá-los com regularidade apesar de saber que nos são benéficos e muitas vezes procuramos desculpas para fugir de corridas, musculação, ginástica aeróbica, natação, esteira ou simplesmente de uma boa caminhada. Depois, cheios de esperança, superamos essa indisciplina e atingimos um ponto em que a tortura inicial se torna mais amena, mais compensadora e quase essencial para nossa paz de espírito. Passamos até a achar que a prática de exercícios é divertida.

Os clientes, em certo sentido, também apreciam a boa forma e a consideram importante. Adorariam a oportunidade de melhorar a própria saúde e aparência se a prática de exercícios fosse também divertida. Mas as duas coisas raramente andam juntas. As pessoas, de modo geral, gostariam muito de ter mais energia e disposição, ser mais concentradas e mais competentes, mas têm dificuldade de superar as próprias limitações. Seria possível para nós aprender alguma coisa sobre sucesso dos clientes em uma organização que criou um estilo único e irresistível de proporcionar bem-estar pessoal? Essa é a Friskis&Svettis, uma instituição sueca que em um país onde a saúde e a boa forma têm alta relevância conquistou fervorosos adeptos. Sugiro, portanto, vestir nossos trajes de "malhação" e mergulhar nessa sessão matinal de exercícios – e de sorrisos.

Diversão e saúde

São 9 horas de uma bela manhã de verão na aprazível cidadezinha de Bovallstrand, localizada na costa ocidental da Suécia. Não exagero ao dizer "uma bela manhã": o céu é de um azul absoluto, uma brisa suave vem do mar e podemos usufruir mais de dezenove horas de claridade no meio do verão desse país nórdico. A temperatura é de cerca de 20 graus centígrados e a água está deliciosamente morna.

Imagine agora uma sessão de exercícios realizada em um lindo parque, cercado de impressionantes formações rochosas, que domina uma região majestosa do Mar do Norte chamada Skagerrak. O panorama, após um rápido exame, revela cerca de vinte belas ilhas rochosas, algumas a poucos metros da praia, barcos de todas as formas e tamanhos e pássaros que parecem quase pré-históricos.

É nessa situação privilegiada que nos encontramos. Eu poderia ter vindo a este lugar apenas pela vista, mas em vez disso, ao lado de 35 outras pessoas, aqui estou para "suar a camiseta" e, ainda por cima, apreciar a experiência. Meu grupo se compõe de pessoas entusiastas que vivem em Bovallstrand e em outras localidades das redondezas. Algumas delas cresceram nesta mesma região, enquanto outras preferiram sair das grandes cidades em busca de uma vida mais tranqüila. Há também visitantes em férias que tentam relaxar e recuperar a forma física e psicológica necessária para começar mais um ano de trabalho. As mulheres são maioria, e sua idade varia da adolescência até a faixa dos 60 anos.

A instrutora, uma mulher de 42 anos chamada Lotta, liga o som e nos dá rápidas boas-vindas. "Estou muito feliz em ter vocês comigo nesta manhã", diz em sueco. "É um dia perfeito para fazer exercício e sorrir", continua. "Encontrem e sigam seu ritmo."

A aula tem início, e Lotta é a própria imagem da boa forma – relativamente alta, magra, forte, concentrada e bem coordenada. Seu corpo não revela, aparentemente, um só grama de gordura, e ela está de fato vivendo a experiência, o momento. Veste a camiseta vermelha oficial da Friskis&Svettis, *shorts* e usa um par de tênis especiais para aeróbica.

Não é difícil imaginar que os clientes mais "saudáveis" podem fazer melhor uso e extrair maior valor de nossos produtos ou serviços com o mínimo de preocupação.

Após um breve aquecimento, entramos em uma série de exercícios mais intensos, sempre acompanhados pelo som da música. O ritmo é constante e nos orienta, mas depois de quinze ou vinte minutos eu já tenho dificuldade de mantê-lo. De fato, a aula toda, que dura cerca de uma hora, é um verdadeiro teste. Trabalhamos a boa forma e o tônus muscular, depois o foco e o equilíbrio, em seguida a força, a resistência e a coordenação para, finalmente, desacelerar e relaxar. Cada aluno enfrenta os próprios desafios. É quase inacreditável, mas verifico que todos, qualquer que seja sua condição física, parecem divertir-se – e é isso que torna a aula tão agradável e fora do comum.

O desafio real que a Friskis&Svettis propõe a seus alunos, ao que tudo indica, não é modelar o corpo perfeito nem tornar-se os maiores atletas do mundo, embora muitos deles estejam em excelentes condições, e sim experimentar a alegria de ser mais saudáveis apreciando a importância da boa forma física nos próprios termos. A diversão e o sorriso são o resultado inevitável quando nos descobrimos mais ágeis e bem dispostos.

Notei que, após a aula, alguns dos participantes iniciam uma corrida de cinco quilômetros, enquanto os outros, entre os quais eu me incluo, mergulham no mar para um refrescante exercício de natação.

A Friskis&Svettis, entidade sem fins lucrativos que conta com mais de 15 mil líderes, instrutores e anfitriões, está sediada em um país onde o governo cuida de praticamente tudo e é agora uma instituição sueca. Fundada em Estocolmo em 1978, sua primeira aula atraiu apenas um participante. Hoje, entretanto, a associação tem mais de 417 mil membros em toda a Suécia, assim como na Noruega, Finlândia, Dinamarca, Bélgica, França, Holanda, Escócia e em Luxemburgo.

A missão da entidade é simples – proporcionar, a todos, acesso fácil e agradável à prática de exercícios de alta qualidade. O objetivo é encorajar o maior número possível de pessoas a adotar um estilo de vida positivo pelo simples fato de considerar a atividade física uma coisa divertida. Se as pessoas gostam de fazer exercícios, provavelmente se sentirão mais e mais motivadas, e será, assim, muito fácil sorrir ao pensar em praticá-los.

Nossos produtos e serviços poderiam oferecer mais se os clientes fossem mais bem informados?

Há no programa da Friskis&Svettis uma prática chamada *jympa*. Trata-se de um conceito baseado na música, na alegria do movimento e na liderança positiva. A entidade até mesmo adaptou a *jympa* às necessidades das pessoas diabéticas ou portadoras de vários tipos de deficiência e também às mulheres grávidas. Os idosos precisam apenas ajustar suas condições aos diversos programas existentes. A idade, aliás, não parece ser um grande problema. Participei, em outra ocasião, de uma aula dada por um instrutor dinamarquês de cerca de 70 anos. Ele estava em tão boa forma que não consegui acompanhar seu ritmo.

Não chega a surpreender o fato de a Friskis&Svettis ser uma instituição criada na Suécia devido à natureza do governo e da sociedade desse país. Foram os suecos, afinal, que nos deram a Volvo, o Prêmio Nobel, a imagem de um povo muito loiro e saudável e o peixe à escabeche. Trata-se também do país que freqüenta o topo dos índices de expectativa e qualidade de vida e de consciência ambiental. A Suécia é uma rara combinação de capitalismo e socialismo. Seus impostos são altíssimos, mas o governo oferece uma ampla gama de serviços sociais, tais como educação, proteção ao desemprego e tratamento de saúde. A medicina social, contudo, tem limitações. Para ser realmente efetiva, deve fazer parte de uma cultura em que a prevenção da saúde deve prevalecer sobre as doenças e as conseqüentes consultas médicas. Quanto mais os cidadãos adoecem, maior é o custo para a sociedade. O sistema não está equipado para proporcionar todos os tipos de tratamento à população. As pessoas precisam, portanto, assumir maior responsabilidade sobre a própria saúde. Nessas circunstâncias, a prática de exercícios é de fato muito importante.

Podemos medir nosso sucesso pela capacidade de fazer o cliente sorrir quando usa nossos produtos.

A Suécia não é, obviamente, o único país onde a boa forma se tornou uma obsessão. Os exercícios aeróbicos, dentre muitos outros tipos de atividade física, são hoje praticados no mundo inteiro enquanto academias e cursos surgem em toda parte. Apesar disso, nunca houve nos Estados Unidos, assim como em muitos outros países, tanta gente obesa e fora de forma. Ao que tudo indica, em breve esse será um motivo de preocupação mundial.

Boa forma e bem-estar são importantes

Assim como não é difícil supor que as pessoas mais saudáveis não precisam de cuidados médicos excessivos, torna-se fácil imaginar que os clientes mais "saudáveis" podem fazer melhor uso de nossos produtos ou serviços e extrair maior valor deles com o mínimo de preocupação.

Mas como tornar os clientes mais saudáveis, felizes e bem-sucedidos? Podemos tentar resolver essa equação refletindo no significado que "saúde" e "boa forma" têm nas relações entre nossos clientes e os produtos ou serviços que fornecemos a eles. Em termos bem simples, as coisas que oferecemos devem cumprir seus objetivos. Mas esse é apenas o ponto de partida para que nossos clientes se beneficiem de todo o valor e bem-estar que podemos proporcionar. Nossos produtos e serviços ofertariam mais se eles fossem mais bem informados? Maior eficiência? Melhores resultados? Mais paz de espírito? Quantos clientes ficam satisfeitos em apenas "arranhar" a superfície de tudo o que é possível obter? Afinal de contas, quanto melhor os conhecermos, assim como a suas condições específicas, mais "saudáveis" poderemos torná-los. Se formos competentes de fato, passaremos a medir nosso sucesso pela capacidade de fazer o cliente sorrir quando usar nossos produtos. Assim, a confiança e a eficiência crescentes daqueles que servimos serão, para nós, motivo de celebração pessoal.

Se ampliarmos a compreensão desse conceito de "saúde", poderemos adaptá-lo a qualquer tipo de atividade ou organização: montadoras de veículos, companhias geradoras de energia elétrica, instituições financeiras, empresas prestadoras de serviços, profissionais liberais e autônomos.

Nenhuma empresa, que se saiba, jamais perdeu negócios por tornar seus clientes mais saudáveis e bem informados.

Alguns prestadores de serviços ganham, por exemplo, vantagens competitivas no mercado ensinando os clientes a fazer funcionar melhor certos equipamentos domésticos (tais como ar-condicionado e aquecedor a gás). Mas apenas os mais inteligentes pensam e agem assim. Imagine um encanador preocupado em tornar bem mais "saudável" o sistema hidráulico de sua casa. Muito improvável, diria você. Os encanadores, de modo geral, só aparecem quando há uma crise. Na melhor das hipóteses, eles resolvem o problema, limpam a sujeira e cobram um preço razoável por seus serviços. Depois esperam por um novo chamado. Na pior das hipóteses, porém, fazem um trabalho ruim, deixam para trás uma tremenda sujeira e nos cobram preços absurdos. Aproveitam-se do fato de que encontrar um bom encanador é um verdadeiro desafio.

Mas que tal se eles decidissem tornar-se consultores do uso mais adequado e da manutenção ideal do encanamento de nossas casas? E se nos cobrassem uma taxa anual que nos desse o direito de contar sempre com seus serviços e sua orientação? A equação, nesse caso, seria diferente. Haveria determinação e interesse de ambas as partes em manter o sistema hidráulico em perfeito funcionamento para evitar sustos.

Identifique as melhores oportunidades de ajudar os clientes a obter mais dos produtos ou serviços que você tem a oferecer.

É possível aplicar esse exemplo a um amplo espectro de atividades e empresas. Cada uma delas tem potencial bastante para agregar valor tornando o cliente mais saudável e reduzindo o número de problemas. Nesse processo, todas encontrariam a oportunidade de motivar um sorriso no rosto de uma clientela cada vez mais satisfeita.

Pense na Friskis&Svettis. Sua abordagem é muito simples – aulas e orientação para ajudar as pessoas a recuperar a boa forma e se divertir durante o processo. Tudo está relacionado ao princípio de tornar o cliente mais atento e capaz. Essa é uma idéia fundamental para todos nós. Nenhuma empresa, que se saiba, jamais perdeu negócios por fazer de seus clientes pessoas mais saudáveis e bem informadas. Mas, infelizmente, são poucos os que encaram o mundo dessa maneira.

Você torna seus clientes mais saudáveis e bem informados?

Pense no melhor meio de fazer sua clientela mais saudável e feliz. Reflita, em seguida, sobre a enorme possibilidade de essa "saúde" e esse conhecimento crescentes trazerem benefícios a ambas as partes.

Comece por identificar as melhores oportunidades de ajudar os clientes a obter mais dos produtos ou serviços que você tem a oferecer. Você poderia treiná-los ou orientá-los para ganhar mais eficiência com maior rapidez? Seria capaz de ajudá-los a elaborar um plano personalizado para aprimorar a "boa forma" como resultado do uso efetivo de seus produtos ou serviços? Teria disponibilidade para acompanhar os progressos deles? Espero que se divirta ao fazer essa analogia entre seu negócio e a proposta da Friskis&Svettis. Considere todas as importantes implicações existentes entre uma organização cujo trabalho se baseia na rotina da atividade física e a rotina potencial que *você* pode estabelecer no esforço de agregar valor a seus clientes.

Dê início a sua jornada

Agora é sua vez. Comece pela academia que você freqüenta ou por qualquer outra organização cujo objetivo seja tornar sua clientela mais saudável e ativa. Observe os métodos usados e note se alguns são mais eficientes que outros.

Depois prossiga no mundo dos negócios

Procure por estabelecimentos cujo foco se concentra no bem-estar das pessoas e tente observar e aprender o máximo possível. Descubra em seguida três outras atividades dedicadas aos cuidados com a saúde que privilegiem a alegria e aprenda mais. Faça uma pesquisa mais ampla, se for preciso, até apreender a fórmula correta. Em sua busca, você vai provavelmente deparar com vários tipos de associação de apoio e solidariedade: centros de controle de peso, cursos que ensinam novas habilidades e clubes nos quais as pessoas se reúnem para praticar ou desenvolver atividades comunitárias, *hobbies* ou passatempos.

Os clientes estão quase sempre ansiosos em realizar alguma coisa, e nossa capacidade de ajudá-los a obter êxito naquilo que pretendem poderá tornar-se um diferencial digno de um grande e duradouro sorriso.

CAPÍTULO 14

O sentido das aranhas

Idéia-chave:
Podemos vencer nos negócios antecipando as necessidades do cliente e agregando melhor valor.

A jornada:
Ao universo de um super-herói muito humano.

Sabemos que os clientes encontram desafios e oportunidades potenciais todos os dias e que seu sucesso, assim como o nosso, depende em grande parte da capacidade que temos de ajudá-los a lidar com eles com habilidade e rapidez. O que dificulta nossa missão é o fato de que as coisas acontecem, com freqüência, de forma inesperada, e isso nos obriga a tomar atitudes reativas. Mas, quando respondem dessa maneira, nem as pessoas nem as organizações se saem tão bem quanto seria possível em outras circunstâncias.

Que tal se pudéssemos antecipar os desafios e as oportunidades que nossos clientes encontram? Que tal se fôssemos capazes de enxergar as chances reais antes dos outros? Para entender de fato o que seria preciso fazer, vamos empreender uma jornada ao universo de um herói original e relutante capaz de pressentir as coisas ruins que estão para ocorrer e que usa essa habilidade para caçar e prender bandidos e malfeitores em flagrante.

1962: Onde quer que os bandidos estejam

O Homem-Aranha, criação do escritor Stan Lee e do desenhista Steve Ditko, ambos norte-americanos, foi uma idéia que quase morreu ao nascer. Lee apresentou seu projeto ao editor da Marvel Comics, mas este não acreditou que os leitores aceitassem um super-herói tão intimamente ligado às aranhas. Como concessão especial, porém, concordou em publicar a primeira história de Lee e Ditko em uma revista chamada *Amazing Fantasy,* que estava a ponto de ser desativada. E, como se costuma dizer, o resto é história. Durante as últimas quatro décadas, o Homem-Aranha se tornou um dos mais famosos e populares super-heróis de todos os tempos. Vamos recordar sua saga desde o início.

Quanto mais conhecermos nossos clientes e seu mundo, mais seremos capazes de antecipar desafios e oportunidades que estão a ponto de ocorrer.

Na primeira aventura do Homem-Aranha, conhecemos Peter Parker, um aluno tímido do curso médio que usa óculos, gosta de estudar e não é lá muito popular. Durante uma excursão da escola a uma exposição científica sobre radiação no Museu de História Natural, Peter é picado na mão por uma aranha radiativa que morre em seguida. O rapaz fica doente e sente estranhos sintomas, mas logo passa a desenvolver habilidades iguais às das aranhas, tais como grande força e agilidade. Desenvolve também a capacidade de escalar paredes e outras superfícies e, o que é mais importante para nosso propósito, adquire o "sentido das aranhas" – a condição de pressentir o perigo iminente.

Embora ainda não saiba direito como usar seus novos poderes, Peter faz para si mesmo um uniforme colorido – acessório essencial aos autênticos super-heróis – e recorre a seu talento científico para projetar e construir alguns artefatos que o ajudarão em suas futuras proezas.

Mas, a princípio, ele não está muito interessado em perseguir e deter criminosos. Pelo contrário, iludido pela perspectiva de ganhar dinheiro e fama, decide participar de um programa de luta livre transmitido pela televisão. Disfarçado em seu novo uniforme, vence a primeira disputa contra um lutador chamado Hogan "Esmagador". Mas a ficção, assim como a vida real, tem sua maneira própria de nos forçar a mudar nossas prioridades. Após a luta, Peter cruza com um ladrão que acabara de assaltar o estúdio de TV e o deixa fugir sob o pretexto de que o problema não é dele. Esse mesmo ladrão, porém, acaba por matar, minutos mais tarde, o tio do rapaz, Ben, que é também seu tutor. Quando se dá conta de que poderia ter evitado a morte do tio se detivesse o ladrão quando o encontrou, Peter jura a si mesmo dedicar a vida, dali em diante, ao combate à injustiça. Adota como diretriz o último conselho, agora famoso, que recebera do tio:

"Com um grande poder, recebemos também grande responsabilidade".

Homem-Aranha, o super-herói, acaba de nascer.

Nas aventuras seguintes, Peter usa seus incríveis poderes para perseguir e capturar uma série quase infindável de criminosos: Camaleão, Doutor Octopus e Electro, dentre muitos outros, além de um de seus maiores inimigos, Kraven, o Caçador. Inúmeros novos vilões, porém, ainda se seguiriam nas páginas das revistas em quadrinhos.

Ao longo de toda a sua história, no entanto, o Homem-Aranha se desenvolve como o mais improvável dos super-heróis. Ele é, no início, um adolescente que enfrenta todos os problemas típicos dessa idade. O que torna o Homem-Aranha tão popular, na verdade, é o fato de ser um super-herói dos mais humanos. Ele é um rapaz discreto que usa óculos e nada tem de "durão". Demonstra uma vasta gama de emoções, é vulnerável, comete erros e nem sempre seus relacionamentos com as mulheres e as outras pessoas são perfeitos. É também muito mais solitário que os outros super-heróis. Alguns deles contam com amigos ou parceiros para conversar e aconselhar-se, mas o Homem-Aranha vive e trabalha sozinho. Ele fala consigo mesmo com freqüência, e os monólogos são interiores, sem verbalização. Seus poderes são respeitáveis, sem dúvida, embora não se revelem mais espetaculares que os poderes de tantos outros super-heróis igualmente famosos.

Pense criativamente nos problemas que podem ser evitados ou resolvidos com rapidez e nas oportunidades a explorar.

Devo observar que nossa tendência é pensar nos super-heróis como uma invenção relativamente moderna, que começou com a criação do

Super-Homem, em 1938, mas eles freqüentam a mente humana desde os primórdios da História. Os gregos, por exemplo, imaginaram os próprios heróis – deusas e deuses eternos e poderosos que habitavam o Olimpo – e potencializaram neles as melhores qualidades dos simples mortais.

Os romanos também cultuavam seus deuses, e os povos escandinavos tinham literalmente dúzias de divindades para ajudá-los a explicar uma série de fenômenos naturais, assim como a condição humana. Encontramos também, no folclore de inúmeras outras culturas e civilizações, mitos e lendas sobre homens e mulheres de grande poder. À semelhança de seus "colegas" modernos, eles apresentavam trajes característicos, muitas vezes indicativos de sua condição divina ou sobre-humana.

Superpoderes são importantes

Que tal se tivéssemos superpoderes como pessoas ou organizações? Quais seriam eles e como poderíamos usá-los para agregar maior valor a nossos clientes?

Apresento abaixo, de acordo com minha experiência de trabalho com inúmeras empresas, uma lista de poderes imprescindíveis:

- Capacidade de antecipar o perigo (ou problemas).
- Capacidade de eliminar o perigo antes que ocorra.
- Capacidade de prever e aproveitar as oportunidades.
- Capacidade de fazer retroceder (ou recuperar) o tempo.
- Capacidade de estar em toda parte a qualquer momento.
- Capacidade de ser (pelo menos) tão veloz quanto um guepardo.
- Capacidade de fazer instantaneamente coisas incríveis.
- Capacidade de comunicação com todos os habitantes do planeta.
- Capacidade de penetrar em locais pequenos sem ser notado.
- Capacidade de ouvir sempre as preocupações dos clientes.
- Capacidade de contratar apenas pessoas muito talentosas e dedicadas.
- Capacidade de elaborar as melhores e mais inovadoras idéias muito antes da concorrência.
- Capacidade de fazer sorrir todos os clientes.

Vamos agora imaginar que todos esses poderes estão ao nosso alcance – basta agir com determinação e fazer um esforço consciente. Vamos, além disso, usar como exemplo o "sentido das aranhas". O fato é que, quanto mais conhecermos nossos clientes e seu mundo, mais seremos capazes de antecipar desafios e oportunidades que estão a ponto de ocorrer. Seria maravilhoso se chegássemos a isso naturalmente, mas ao contrário dos super-heróis nós, simples mortais, precisamos trabalhar muito para realizar coisas grandiosas.

Um bom ponto de partida é o compromisso de conhecer nossos clientes o melhor possível. Isso significa viver em seu mundo e passar por suas experiências. Significa também compreender seus planos, seus objetivos e suas limitações, além do papel que nossos produtos ou serviços podem desempenhar para ajudá-los na conquista de seus sonhos. É preciso ainda observar com atenção o ambiente que os cerca, assim como tudo o que poderia afetar suas atividades. O conhecimento profundo desses fatores nos propicia muitas informações úteis na hora de pensar criativamente nos problemas que podem ser evitados ou resolvidos com rapidez e nas oportunidades a explorar.

Há uma razão lógica que me levou a fazer desta a última das dez jornadas do livro: porque podemos, dessa forma, aplicar o conceito de super-heróis e superpoderes a cada uma das nove jornadas anteriores, bem como a qualquer problema ou oportunidade que defrontemos como pessoas ou organizações. Elabore uma forma própria de agregar valor e faça de si mesmo o super-herói capaz de resolver tudo com seus talentos (ou poderes). Comprometa-se depois a transformar seus funcionários ou colegas em outros tantos super-heróis. Não é tão difícil quanto você imagina.

Tente imaginar como agiria uma pessoa incapaz de antecipar perigos e oportunidades e faça exatamente o contrário.

Vamos voltar ao exemplo dos cientistas espaciais, que vivem, assim como outros iguais a eles, em um mundo onde os erros não são uma alternativa aceitável. Esses profissionais necessitam, portanto, criar condições e possibilidades que lhes permitam evitar problemas potenciais ou que favoreçam respostas prontas e eficientes. Com que freqüência você e sua organização precisam fazer o mesmo?

Você pode antecipar o futuro?

Espero que acredite que a principal diferença entre você e os super-heróis seja apenas a falta de um uniforme colorido. Vamos, assim, focalizar sua capacidade de antecipar o futuro e as medidas que devem ser tomadas para ampliar suas chances de adquirir ou aprimorar o sentido das aranhas.

Pense no que é preciso para criar uma organização que trabalhe em conjunto para antecipar as necessidades do cliente antes que elas surjam.

Você conhece bem seus clientes e o ambiente que os cerca? Sabe tudo o que se passa no mundo deles e pode afetar seu negócio, suas finanças e até mesmo seus objetivos ao comprar os produtos ou serviços que tem a oferecer? Que medidas você tomaria caso eles precisassem de uma ação rápida e eficiente de sua parte? Se não consegue visualizá-las, imagine como agiria uma pessoa incapaz de antecipar perigos e oportunidades e faça exatamente o contrário. Pense, em seguida, no que é preciso para criar uma organização que trabalhe em conjunto para antecipar as necessidades do cliente antes que elas surjam.

Mas não se limite a isso. Investigue, com determinação e compromisso, quaisquer outros "superpoderes" que possam fazer diferença essencial para seus clientes. Verifique, depois, como dominar esses poderes com a ajuda de um planejamento cuidadoso, de atitudes positivas, de muita colaboração e, se for necessário, com novas e adequadas habilidades que você e sua equipe devem estar sempre dispostos a aprender.

Dê início a sua jornada

Agora é sua vez. Divida sua jornada em duas partes.

Veja um filme sobre super-heróis

Escolha um clássico e reúna os membros de sua equipe para um evento durante o qual vocês vão assistir ao filme e em seguida promover uma sessão de comentários e discussões sobre o que viram. As idéias que surgirem poderão ser surpreendentes.

Depois prossiga no mundo dos negócios

Procure por empresas que fazem publicidade de sua condição de "súper" e se proclamam "boas demais para ser verdade". Procure verificar até que ponto elas cumprem o que prometem.

Por mais incríveis que pareçam, os super-heróis não são, na verdade, tão diferentes de você e dos outros gênios anônimos com os quais trabalha – desde que guardemos as proporções entre a vida real e os exageros quase caricaturais das histórias em quadrinhos. Trate, portanto, de aguçar seus superpoderes e destacar-se da multidão.

PARTE III

Construa um novo modelo de sucesso

Onde houver uma mente aberta, existirá sempre uma nova fronteira.

CHARLES F. KETTERING

Chegou o momento de compreender mais profundamente nossas jornadas. Assim como tantos outros viajantes antes de nós, tivemos a chance de visitar alguns lugares exóticos e aprender coisas novas e importantes. Conhecemos gente que viveu em outras épocas, outras culturas e outras circunstâncias, além de um super-herói saído das histórias em quadrinhos. Vimos também proezas notáveis originadas do talento, da força, da ousadia e da gentileza das pessoas que as realizaram.

Agora é preciso entender o sentido de tudo isso para nós e os gênios anônimos que trabalham conosco – em atividades e organizações grandes ou pequenas, novas ou antigas.

Pense em si mesmo, em seus colegas e em sua empresa como exploradores em busca de tesouros ou *insight* que os ajudem a forjar um mundo novo e instigante de valores a oferecer aos clientes. Espero que tenha agora uma visão mais clara da genialidade que existe em torno de você. Se mantiver os olhos abertos para esse mundo de possibilidades, ficará surpreso com suas descobertas.

Eu gostaria, nesta Parte III, de lhe proporcionar um meio simples de transformar essas dez jornadas e muitas outras que você e seus colegas farão em dias futuros não apenas em uma fonte de inspiração como também em um manancial de vantagens competitivas. Espero que você se sinta bem na condição de viajante e explorador desse fantástico mundo novo que está a ponto de descobrir. A manifestação da genialidade dependerá da redefinição de seus conceitos de liderança e da criação de novas oportunidades para todos aqueles que nutrem o desejo sincero de fazer a diferença.

Não é preciso viajar pelo mundo inteiro para encontrar a genialidade, embora o contato com lugares, pessoas e idéias diferentes faça parte, sem dúvida, da mais poderosa forma de aprendizado que poderíamos obter para mudar ou aprimorar nossas perspectivas como indivíduos e organizações. As grandes idéias, assim como os melhores *insights,* estão literalmente em toda parte. Podemos encontrá-los por exemplo:

- Nos salões dos museus.
- Na tranqüilidade de suas férias.
- Nas páginas de um bom livro ou em um filme premiado.
- Nos cartazes de publicidade dos ônibus.
- Nas feiras culturais, nas paradas e nos eventos que homenageiam outras culturas.
- Nas revistas em quadrinhos que contam histórias de outros mundos além de nossa imaginação.
- Em palestras sobre assuntos totalmente alheios a nossa atividade ou a nossa rotina.
- Em vários tipos de performance: um grupo de dança moderna, uma ópera, uma partida de futebol, um circo ou uma peça de teatro.
- Em conversas que ouvimos durante o trajeto do ônibus ou do metrô.
- Nas reuniões familiares.
- Nos *playgrounds,* onde as crianças estão sempre inventando novas brincadeiras.
- Nas ruas, onde o futuro das culturas é inventado.

As idéias e possibilidades estão em toda parte, portanto saia para o mundo e trate de descobri-las. Explore. Faça perguntas. Tenha a ousadia de ser curioso e de se surpreender com a genialidade que encontrar em seu caminho. Onde quer que você viva, sempre encontrará, aí mesmo nas redondezas, magia suficiente para inspirá-lo sem que haja necessidade de tomar um avião.

Fique à vontade para usar as dez grandes idéias que examinamos como ponto de partida de sua jornada pessoal. Pense nas implicações de cada uma delas no sucesso de seus clientes. Todos os tipos de atividade e todas as organizações se beneficiariam, de certa maneira, das idéias aqui apresentadas, mas não podemos fazer tudo. As necessidades específicas de nossos clientes é que devem determinar quais delas se converteriam no ponto de partida mais adequado para a reinvenção de nossos negócios. Faça dessas necessidades a base de sua estratégia para agregar maior valor a seu trabalho e a seus clientes. Estabeleça, com sua equipe, o compromisso de transformar sua jornada de descoberta na revelação de todos os potenciais de cada idéia.

CAPÍTULO 15

Revele o gênio interior

Como descobrir os próprios potenciais.

Gosto de cantar e tenho grande fascinação pelo canto como atividade e também como conceito. Na verdade, eu me surpreendo cantando durante boa parte do tempo e, em alguns momentos de inspiração, interrompo o que estou fazendo para compor pequenas canções. Para sorte de meus clientes, no entanto, não costumo cantar durante as reuniões de trabalho. Deixo isso para outros momentos.

Tenho o hábito, durante as palestras e os seminários que conduzo, de perguntar às pessoas da platéia se cantam bem. Apenas algumas levantam as mãos. De fato, ao longo dos sete anos em que fiz essa pergunta a milhares de indivíduos, menos de 2% deles responderam afirmativamente. Explico então que, em algum ponto entre a infância e a idade adulta, cerca de 98% das pessoas (segundo minha pesquisa muito pouco científica) perderam a habilidade de cantar! Isso teve origem, provavelmente, na idade escolar, quando alguém criticou nossa voz ou nossas canções preferidas.

Para tornar-se o explorador que deve ser, você precisa identificar sua música interior e aprender a cantá-la em toda a sua glória.

O canto faz parte da natureza humana. Somos, na verdade, fisicamente feitos para cantar, não necessariamente música lírica, e sim melodias que expressem alegria e satisfação. O ato de cantar é muito prazeroso, admita isso. Se não fosse assim, a maioria das pessoas não cantaria no chuveiro nem no carro enquanto dirige sozinha.

A música, a propósito, é uma das raras atividades praticadas em todas as culturas já existentes em nosso planeta – com a possível exceção de algumas ordens religiosas cujos membros fizeram voto de silêncio (com o devido respeito, eu creio que essa gente ainda canta para si mesma quando está só).

Descubra sua música interior

Isso nos leva a uma idéia essencial: no íntimo de cada um de nós existe uma canção, bela e única, à espera de ser descoberta e ouvida. Mas essa canção raramente é expressa em todo o seu potencial, e essa revelação se torna mais difícil com a passagem do tempo. Eu insisto, portanto: para tornar-se o explorador que deve ser, você precisa identificar sua música interior e aprender a cantá-la em toda a sua glória. Isso significa encontrar o lugar onde poderá fazer diferença de forma relevante.

Pense no que inspira você a fazer a diferença. O que é realmente importante? Onde você se situa na questão de agregar valor indispensável aos clientes? Quais das idéias reveladas em nossas jornadas poderiam motivá-lo a ser mais dedicado, curioso, inovador e brilhante? Que jornadas tocaram mais sua sensibilidade? Talvez prefira procurar uma melodia diferente ou identificar sua música interior por conta própria, sem interferências externas. De qualquer modo, comece pela crença de que é possível, sim, fazer isso com muita força onde quer que você esteja! É preciso apenas encontrar o *insight* certo e as circunstâncias corretas. Será necessário também algum esforço, o que significa a busca do conhecimento mais profundo de si mesmo, dos clientes e dos limites de sua imaginação.

**Pense no que inspira você a fazer a diferença.
Comece pela crença de que é possível, sim,
fazer isso com muita força onde quer que você esteja!**

Cultivei, durante certo tempo, o hábito incomum de observar meus clientes com a máxima atenção: o que liam, com quem conversavam, o que mais os interessava. O que descobri talvez explique as razões da falta de genialidade e de criatividade em tantas organizações. A maioria das pessoas que observei passa os poucos minutos livres de seu dia lendo coisas que na verdade não têm interesse. Explico melhor: um tipo de leitura que não é relevante quando se tenta agregar valores maiores, diferenciados, como indivíduos e organizações. As pessoas quase sempre se restringem à leitura de material relativo à própria área de atividade. A boa notícia é que todos os seus colegas de trabalho e de setor costumam ler, ouvir e aprender as mesmas coisas. Assim, se você agir como eles, poderá apenas ser tão bom quanto seus melhores colegas e concorrentes.

**Talvez devêssemos concentrar nossa pesquisa
em uma forma muito mais ampla de curiosidade.**

Mas há uma alternativa mais inteligente: você pode tentar novas perspectivas. Talvez haja lições muito mais profundas a aprender com a combinação de idéias de origens diferentes. Um exemplo: determinado medicamento, uma erva medicinal, um pouco de ioga e a prática regular de atividades físicas poderiam proporcionar a cura essencial dos males do estresse, que afligem tanta gente hoje em dia. Creio que o princípio, tão divulgado, de que "vivemos melhor graças à química" nos impediu de discernir a verdadeira resposta a esse problema. Talvez a combinação certa de sabedoria antiga e de tecnologia moderna seja a abordagem ideal. Talvez devêssemos concentrar nossa pesquisa em uma forma muito mais ampla de curiosidade.

Transforme sua curiosidade em ação

Coloque-se intencionalmente entre idéias e opiniões distintas. Leia tudo o que puder sobre assuntos diferentes dos de sua área de atividade que sejam, porém, importantes. Vá a seminários e palestras sobre os mais variados temas. Ouça e observe o mundo que o cerca e exponha-se ao máximo possível a novas idéias como o melhor meio de fazer fluir sua criatividade. Procure reservar algum tempo diário, ou pelo menos semanal, à busca de idéias que poderiam, graças à combinação adequada, agregar maior valor a seus clientes. Quanto mais idéias encontrar, melhores condições você terá de fazer grandes conexões entre novas formas de raciocínio e as necessidades de seus clientes.

Se precisar de alguma ajuda para lidar melhor com seu potencial de explorador, pensador e criador, tenho seis sugestões para fortalecer sua genialidade.

Expanda seus horizontes de leitura

Leia atentamente pelo menos três revistas ou jornais de seu interesse e concentre-se em novas idéias que nada tenham que ver com sua empresa nem seu trabalho. Amplie aos poucos a variedade dos livros e de outras fontes de informação e inspiração que você habitualmente procura. Faça também visitas regulares à livraria ou biblioteca mais próxima para entrar em contato com idéias recentes e promissoras.

Ponha-se na estrada em busca de novas idéias

Faça pequenas excursões ao mundo que o rodeia para descobrir idéias inovadoras e maneiras diferentes de fazer as coisas. Crie um misto de "atividades planejadas", que o levem a lugares específicos para obter *insight* e resolver questões específicas, e "passeios casuais", quando você se deixa levar pelo fluxo do momento, mas mantém os olhos abertos a qualquer possibilidade. Preste atenção, sobretudo, nos "pequenos nadas" que tenham importância própria. Procure por sinais característicos ao longo do caminho e detenha-se para ouvir as conversas das outras pessoas.

Faça perguntas instigantes sempre que puder

Comece fazendo mais perguntas durante as reuniões que lidera ou freqüenta como convidado. Procure, de maneira positiva, desafiar a si mesmo e a seus colegas questionando tudo o que fazem com o objetivo de aprimorar seus métodos. Pergunte às pessoas, por exemplo, o que poderiam fazer para tornar seu trabalho perfeito, mais rápido, mais eficiente ou mais notável.

Aproxime-se de pessoas cujo trabalho e cujas idéias fascinam você.

Torne-se o melhor conhecedor de seus clientes

Conviva mais com seus clientes e procure saber o máximo possível sobre o mundo deles e os desafios que enfrentam. Convide-os a participar de algumas de suas jornadas exploratórias para descobrir, juntos, novas idéias e possibilidades. Mantenha com eles conversas mais significativas que desafiem ambas as partes a antecipar necessidades futuras e a imaginar novas formas de obter sucesso.

Cultive a amizade de pessoas incomuns

Aproxime-se de pessoas cujo trabalho e cujas idéias fascinam você para entender como os outros usam a curiosidade e o entusiasmo para agregar grande valor aos clientes. Colabore com as pessoas que exercem atividades ou trabalham em empresas que você admira. Procure conhecer melhor alguns artistas e pensadores de sua comunidade. Envolva-se com as iniciativas que realmente fazem a diferença na região em que você mora. Conviva mais com as crianças para aprender com sua maneira peculiar de enxergar o mundo. Estabeleça a melhor e mais variada rede de relações do mundo. O convívio saudável com pessoas de interesses e perspectivas diferentes sobre o que importa para elas é um meio excelente de manter a mente aberta e renovada.

Faça uma pesquisa ainda mais ampla

Veja a natureza, a história, a geografia e a genialidade das outras pessoas e culturas como uma fonte inesgotável de grande inspiração. Tenha a ousadia de tentar compreender aquilo que outras pessoas *e* outras culturas sabem com tanta clareza e procure a melhor forma de aplicar esse aprendizado ao mundo em que você vive e ao ambiente em que seus clientes transitam e trabalham.

O maior talento de uma pessoa
é o senso de curiosidade.

Seguindo essas sugestões, você terá a chance de fortalecer sua condição de oferecer maior genialidade a seus clientes e de descobrir sua música interior. Lembre-se de que o maior talento de uma pessoa é o senso de curiosidade e a noção das possibilidades. Essa capacidade se aprimora quando aplicada às coisas importantes para você. E, por favor, pare de dizer que não é curioso nem criativo. Assim como a habilidade de cantar, tais qualidades são dádivas inatas do ser humano. Chegou, portanto, sua oportunidade de afastar a poeira que as esconde e de fazer bom uso delas!

CAPÍTULO 16

Dê uma chance ao gênio

Como criar uma organização que incentive o potencial de todos os funcionários.

Chegou o momento de reunir todos os gênios de sua equipe para criar uma notável melodia coletiva capaz de agregar valor verdadeiro e relevante aos clientes. Para conseguir isso, é preciso alinhar sua música individual, ou pelo menos seu potencial para cantar, com a clara compreensão das razões da existência de sua organização e das condições necessárias para que ela se torne brilhante. É preciso também olhar de forma diferente os bens fundamentais da empresa, ou seja, seus colegas e os talentos que os caracterizam e abrangem algumas qualidades muito humanas, tais como curiosidade, entusiasmo e senso de colaboração para atender às necessidades dos clientes.

Quero sugerir alguns passos essenciais à montagem dessa sólida estrutura.

Tenha um objetivo claro, relevante e compartilhado

Sua companhia existe por uma razão importante para os clientes, do contrário provavelmente já teria desaparecido da mesma forma que os dinossauros. Antes de tudo, porém, devo fazer uma pergunta difícil: seu propósito como organização é claro, relevante e compartilhado por todos os gênios (ainda que potenciais) que trabalham com você? Se as pesquisas recentes e minha experiência, adquirida graças ao trabalho com mais de 300 empresas, significam alguma coisa, a resposta é um enfático "não". Mas, caso você responda "sim", isso quer dizer que sua organização já conta com uma vantagem expressiva sobre a maioria dos concorrentes em termos de incentivo à genialidade de seu pessoal.

Um objetivo claro e relevante, compartilhado por todos, é o requisito diário mínimo para incentivar a genialidade em sua organização.

Não pretendo promover um debate sobre a importância da visão, embora acredite que ela seja vital para a viabilidade de longo prazo de qualquer indivíduo ou empresa. Gostaria, entretanto, de sugerir a leitura do excelente trabalho sobre o tema desenvolvido pelo norte-americano Jim Collins, especialista em administração de empresas, e seus colegas. Mas insisto em dizer que um objetivo claro e relevante, compartilhado por todos, é o requisito diário mínimo para incentivar a genialidade em sua organização. Quando um propósito tem essas características, torna-se muito mais fácil motivar as pessoas e revelar seus talentos potenciais pela simples razão de que todas elas conhecem o objetivo a ser perseguido, assim como os motivos disso.

A clareza de propósitos explica em grande parte as razões pelas quais a Toyota, uma das empresas mais bem-sucedidas do mundo, implementa cerca de 85% das idéias recebidas de seus funcionários – que somam 2 milhões de sugestões anuais! Nem todas as organizações, porém, são tão habilidosas nem afortunadas. Faça, portanto, uma avaliação honesta dos propósitos de sua companhia e do alinhamento existente (ou não) entre todos os seus colaboradores. Não se deixe impressionar pelo porte nem pelo sucesso da Toyota – que nem sempre foi tão grande nem tão brilhante quanto hoje.

Todos poderiam ser "empresários" do próprio trabalho tomando iniciativas e buscando oportunidades de descobrir e agregar maior valor.

O primeiro passo essencial para incentivar a genialidade em sua empresa é a compreensão do universo dos clientes, do que é mais importante para eles, do que é necessário para a realização de seu maior sonho de sucesso e do papel que você e seus colegas desempenham em tal panorama. Sem esse passo, não haverá êxito. Ignore-o e você e seus colegas poderão fechar as portas e ir para casa porque não terão mais condições de competir – sem falar na provável frustração daqueles que sempre se esforçam muito para fazer a diferença no ambiente em que vivem e trabalham.

O projeto, o processo e a execução do produto são essenciais.

Recomendo, portanto, que reflita e responda as seguintes perguntas: qual é seu propósito verdadeiro como organização? Esse propósito é claro, relevante e compartilhado por todos? Está voltado para a compreensão exata dos objetivos de seus clientes e daquilo que é importante para eles? Você e seus colegas trabalham com entusiasmo para agregar o maior valor possível aos clientes? Se você respondeu "sim" a essas questões, sua empresa já tem boa parte do que é necessário para incentivar a genialidade de seu pessoal.

Estabeleça e agregue valores fundamentais

Durante nossas dez jornadas, cruzamos o mundo em busca de valores fundamentais e os encontramos em uma série de lugares distintos. Sua tarefa agora é combinar esse aprendizado com as necessidades reais de seus clientes e empreender outras jornadas para reforçar o que já sabe e descobrir modelos ainda melhores que lhe permitam proporcionar mais sucesso àqueles a quem presta serviços.

A perfeição é importante?

Vamos rever as duas idéias principais que descobrimos – o conceito de garantia incondicional de satisfação e o princípio de que apenas a perfeição é aceitável. Lembra-se da equipe de cientistas espaciais do foguete *Atlas 5?* Aprendemos com eles que o projeto, o processo e a execução do produto são essenciais. Aprendemos também que a compreensão do que é mais importante para os clientes representa a principal forma de atender com perfeição a suas necessidades e expectativas.

O tempo e a competência são importantes.

Mas isso levanta algumas questões: seus clientes desejam ou esperam a perfeição? É possível atingi-la em sua área de atividade? Se você, de fato, se aproximasse da perfeição, seria muito difícil superá-lo. Procure, portanto, recorrer a essas idéias como ponto de partida da construção da melhor experiência que puder oferecer a seus clientes dentro da realidade de seu universo. Tente depois descobrir uma forma de mudar essa realidade para reinventar o conceito de valor em seu ramo de trabalho.

A natureza e os detalhes de seu desempenho são importantes?

E se houver outros aspectos mais importantes que a perfeição? Lembra-se do Cirque du Soleil e do seriado *Seinfeld?* Ambos nos mostraram a magia existente nas grandes e nas pequenas facetas de nossa interação com os clientes – e a magia pode revelar-se o mais fundamental dos valores. Pense, portanto, na natureza e nos detalhes do desempenho conjunto de sua organização e procure transformá-lo no mais extraordinário e maravilhoso espetáculo que puder oferecer a seus clientes.

A rapidez, o compromisso e o talento são importantes?

Talvez a presteza em oferecer o conhecimento, o compromisso e o talento mais adequados ao atendimento em tempo integral seja indispensável em sua área de atuação. De qualquer modo, o tempo e a competência são importantes. Há razões para acreditar que essa combinação se tornará o diferencial mais determinante do sucesso nos negócios em um mundo que jamais pára. Pense, portanto, nas situações em que a rapidez e o tipo certo de conhecimento se revelam vitais ao sucesso do cliente e identifique o que é necessário para encontrar soluções brilhantes. Você precisa de pessoas mais rápidas, de comunicação mais ágil, de melhor capacidade de detecção e solução de problemas, de talentos diferenciados, de uma rede de relações mais ampla, de maior inspiração e de entusiasmo genuíno na eliminação de problemas e na criação de oportunidades ou simplesmente de uma nova estrutura que incentive a manifestação da genialidade em seu ambiente de trabalho e permita que vocês executem suas funções com muito mais eficiência?

Desafie a si mesmo e a sua organização e ofereça aos clientes um atendimento de classe internacional, atencioso e inigualável.

Se a rapidez, o compromisso e o talento altamente especializado forem muito importantes para seus clientes, faça a si mesmo e a sua empresa o desafio de se tornar os mais inspirados provedores dessas qualidades em seu setor.

O sorriso é importante?

E se houver um tipo de valor inteiramente distinto que os clientes buscam e gostariam de receber? Talvez eles esperem por conversações mais significativas ou queiram obter mais prazer e alegria das empresas que lhes prestam serviços. Procure imaginar as conversas importantes que você e sua organização poderiam manter regularmente com seus clientes. Pense no que aconteceria se você fizesse o possível para torná-los mais saudáveis e mais eficientes naquilo que realmente importa para eles.

Se uma conversa verdadeira e a promessa de um sorriso são essenciais para seus clientes, desafie a si mesmo e a sua empresa e ofereça a eles um atendimento de classe internacional, atencioso e inigualável.

A capacidade de antecipar o futuro é importante?

O mundo de nossos clientes torna-se mais complexo a cada dia. Os desafios que enfrentam se revelam cada vez maiores e mais difíceis. Eles correm o risco de tropeçar nos fatos que não foram capazes de antever – a menos que encontremos meios de ajudá-los a evitar o perigo e aproveitar as novas oportunidades. Por mais improvável que pareça, no entanto, a capacidade de antecipar o futuro é um dom que todos poderemos compartilhar se trabalharmos em conjunto com entusiasmo e concentração. Temos essa notável habilidade e graças a ela temos também a condição de ajudar nossos clientes a evitar o perigo e a realizar coisas importantes. Um talento desse tipo deveria fazer parte de nossa fórmula especial de agregação de valores fundamentais.

Construa uma cultura de curiosidade e compromisso

Algum tempo atrás uma renomada empresa de pesquisas solicitou-me consultoria para ajudá-la em seus esforços de inovação. À semelhança de muitos de seus concorrentes, a direção da empresa criou um programa de incentivo a novas idéias, que seriam colocadas em uma "caixa de sugestões" como forma de expressão do pensamento dos funcionários. Um modesto prêmio financeiro às melhores contribuições fazia parte do programa. Os administradores da companhia esperavam que a iniciativa, que tinha como lema a frase "Nenhuma idéia é ruim", trouxesse resultados brilhantes.

Em vez disso, porém, conseguiram apenas um sortimento de sugestões consideradas "comuns". A verdade é que havia algumas idéias bastante razoáveis de melhoria de operações internas, embora outras tantas não revelassem nenhum potencial real de mudanças importantes para os clientes.

Temos a notável habilidade de antecipar o futuro e de ajudar nossos clientes a evitar o perigo e a realizar coisas importantes.

Embora não haja de fato idéias ruins, algumas delas são melhores que outras, sobretudo se tiverem relação direta com os aspectos mais importantes para os clientes. Se uma iniciativa como a da empresa de pesquisas tiver o único objetivo de aliviar a frustração dos funcionários com a falta de inovação, um programa de sugestões de amplo espectro é uma boa estratégia. Mas se a meta for ampliar o sucesso do negócio e dos clientes, a tática deve ser diferente. Lembre-se de que o mundo corporativo é hostil e extremamente competitivo. Trata-se de devorar ou ser devorado – agregue valor ou caia no esquecimento. Precisamos de idéias relevantes. É necessário, portanto, dar às pessoas uma orientação claramente "centrada no cliente". Precisamos ainda compreender não apenas o que é importante para nossos clientes hoje como também o que seria possível para eles no futuro.

Mas isso não é tudo. Precisamos construir uma cultura de curiosidade e compromisso na qual as pessoas compreendam as idéias importantes e estejam dispostas a trabalhar muito para implementá-las.

Trata-se de devorar ou ser devorado – agregue valor ou caia no esquecimento.

A inspiração está em todos os lugares, mas é simplesmente um ponto de partida. A implementação de uma idéia significativa requer esforço. Thomas Edison teve a grande idéia de criar a lâmpada, mas isso lhe custou mil tentativas fracassadas antes de chegar ao sucesso que buscava. Os fundadores do Cirque du Soleil testaram suas idéias durante anos de espetáculos de rua antes de criar a fórmula que conquistou o mundo do entretenimento. Todos eles fazem parte de uma infindável lista de gênios cujo exemplo devemos seguir.

Faça a conexão entre seus bens e o valor que deseja agregar

Em que exato momento uma simples canção se transforma em uma sinfonia? Isso ocorreria quando as pessoas e os talentos certos se associam investidos do firme propósito de realizar coisas importantes?

Quando cada indivíduo conhece seu papel e a relação que tem com o todo? Trata-se de uma conjunção desses fatores. Trata-se, na verdade, de uma celebração dos entusiasmos individuais e dos bens ou talentos coletivos que possuímos como organizações.

Embora a inspiração esteja em todos os lugares, é simplesmente um ponto de partida. A implementação de uma idéia significativa requer esforço.

Na base do tema deste livro está o conceito muito simples de que cada colaborador de sua empresa tem o próprio conjunto de talentos, dons e capacidades potenciais que podem fazer a diferença na vida dos clientes. Algumas dessas habilidades são óbvias, tais como competências técnicas específicas ou certos tipos de conhecimento. Mas há talentos e dons mais sutis e menos aparentes:

- Alto nível de energia e entusiasmo.
- Um genuíno senso de curiosidade e abertura.
- Capacidade de enxergar possibilidades que os outros não vêem.
- Profundo conhecimento de outros setores, de outras culturas e atividades.
- Capacidade de comunicação e de interação.
- Habilidade de realizar coisas importantes.
- Capacidade de superar obstáculos aparentemente intransponíveis.
- O dom de manter a calma e a concentração em situações de estresse.
- Talento para resolver problemas complexos.
- O dom da experiência.
- O privilégio de ter cometido erros consideráveis e de ter aprendido com eles.
- Capacidade de antever o futuro.

Esses dons e talentos, entre outros, além da diversidade de pessoas e perspectivas, representam os verdadeiros bens de sua empresa. Apesar disso, raramente são utilizados em todo o seu potencial.

Se de fato quiser incentivar a genialidade em sua organização, você deve fazer um esforço consciente para modificar seus conceitos sobre o rico e único potencial humano que chega ao trabalho todas as manhãs. Deve também encontrar um meio de motivar essas pessoas a agregar maior valor. Comprometa-se a considerá-las com a sabedoria do coração para identificar sua música interior, assim como todos os talentos que elas têm para fazer as coisas realmente relevantes acontecerem.

Dê recompensas importantes aos curiosos e criativos

Estabelecemos um propósito claro e relevante, compartilhado por todos, para nos orientar. Formamos uma equipe cujos membros têm dons e talentos suficientes para realizar grandes coisas. Sabemos como fazer esse brilhante elenco trabalhar em conjunto para agregar valores fundamentais e indispensáveis aos clientes. O que falta então em nossa fórmula de incentivo à genialidade?

Para dar bom resultado, a recompensa precisa ter importância para as pessoas brilhantes com as quais contamos.

As recompensas devem ser relevantes. Depois de todas as pesquisas feitas sobre esse assunto, ficou muito claro que, para dar bom resultado, a recompensa precisa ter importância para as pessoas brilhantes com as quais contamos. Além disso, as recompensas devem ser, ao que tudo indica, tão diferentes quanto aqueles que as recebem.

Não recorra às recompensas na esperança de que possam inspirar a genialidade individual e coletiva. Recorra diretamente à genialidade individual e coletiva e pergunte o que é necessário para fazer coisas importantes. Fique, porém, aberto a algumas respostas surpreendentes. Na verdade, as descobertas raramente ocorrem porque alguém está em busca de riqueza rápida. Elas ocorrem, isso sim, porque um indivíduo ou uma equipe deseja de fato fazer a diferença. Se esse for seu caso, as melhores recompensas são aquelas que motivam realmente as pessoas a realizar coisas brilhantes – recompensas que lhes dêem liberdade, ferramentas, recursos e apoio para experimentar algo verdadeiramente novo e para ampliar os limites do possível, recompensas que tornem simples mortais capazes de revelar o próprio gênio interior, a genialidade dos outros e de sua organização.

CAPÍTULO 17

O trabalho essencial dos líderes

Como se tornar um líder de destaque no desafiador mundo novo dos negócios e dos clientes bem-sucedidos.

Qual é o trabalho essencial dos líderes e como deve mudar nosso conceito sobre liderança em um universo que exige das organizações a criação contínua e coerente de valores fundamentais para nossos clientes?

A resposta é relativamente simples. Assim, com o devido respeito a todos os líderes, professores e consultores que escreveram esplêndidos trabalhos sobre o tema, eu gostaria de demonstrar o que quero dizer.

A magia de um grande livro infantil

A cena mostra uma sala de aula cheia de crianças ansiosas por ouvir a história que a professora escolheu para contar. Poderia ser a classe de seus filhos, de seus netos, de seus sobrinhos ou qualquer outra da comunidade em que você vive ou trabalha. Seja qual for o caso, a cena revela o poder das histórias, a magia da infância e o mais importante trabalho dos líderes. A professora chama a atenção dos alunos e anuncia o livro do dia, *Where the Wild Things Are* [Onde Vivem as Feras], de Maurice Sendak.

O livro fala da história de um menino travesso chamado Max. Certo dia, vestido com sua fantasia de lobo, ele começa a fazer muita desordem em casa, para grande desgosto de sua mãe, que lhe dá o apelido de "Fera" e o manda para o quarto sem jantar. Preso em seu quarto, Max dá asas à imaginação. Primeiro surge uma floresta que logo se transforma em uma selva densa de possibilidades. Chega em seguida um barco que leva o menino para uma terra estranha onde vivem as feras mais assustadoras.

Quando não conseguimos encontrar nosso lugar, os líderes nos ajudam a descobrir nossa música interior e sua ligação com a sinfonia (ou o desempenho) que tentamos criar.

Mas, quando desembarca, é Max que assusta as feras "encarando com firmeza seus olhos amarelos sem dar uma única piscada". Ele se torna então o líder desse mundo estranho e mágico. A uma ordem sua, uma grande folia tem início até que afinal Max percebe (como tantos outros personagens antes dele) que está com muita saudade de sua casa – e manda todas as feras para a cama sem jantar.

Esse trecho da história é o suficiente para nos revelar o trabalho essencial dos líderes. Talvez você se pergunte agora qual a relação desse conto, incompleto, aliás, com o conceito de liderança. Vou tentar responder.

São os líderes que começam as histórias importantes

Os líderes têm a capacidade de atrair a atenção de todos e difundir um senso de curiosidade que abre caminho para um universo onde idéias, perguntas e possibilidades alçam vôos mais altos. Eles transformam nosso propósito no início de uma história cheia de vida e vibração: a história do ser humano melhor em que nos tornamos. Sabem fazer as perguntas essenciais que nos desafiam a buscar e identificar nosso lugar no mundo, onde podemos gerar valores fundamentais para nós mesmos, nossa organização e nossos clientes. E, quando não conseguimos encontrar esse lugar, eles nos ajudam a descobrir nossa música interior e sua ligação com a sinfonia (ou o desempenho) que tentamos criar.

Os líderes são os primeiros a perceber que, para gerar valores fundamentais, é preciso que muitas pessoas se revezem na liderança.

Embora os melhores líderes tenham as habilidades necessárias para nos motivar e induzir à realização do que parece impossível, não devem fazer tudo sozinhos nem esgotar as reservas dos próprios recursos sem nos dar a chance de demonstrar nosso valor e nossos potenciais. Seu papel essencial é orientar e incentivar em nós a dedicação e a curiosidade. Nossa grande meta, afinal, é revelar valores potenciais aos clientes graças ao bom uso de nossa inata criatividade e imaginação. Os líderes são os primeiros a perceber que, para gerar valores fundamentais, é preciso que muitas pessoas se revezem na liderança.

Os líderes mantêm o foco no que é realmente importante

Ao longo da jornada, são os líderes que nos ajudam a manter claramente o foco nas necessidades reais dos clientes e nos valores importantes que devemos agregar. Eles nos inspiram na crença de que tudo é possível se tivermos visão e determinação de lutar por nossos sonhos e ideais.

Os líderes erguem a tocha que ilumina nosso caminho durante a jornada que empreendemos para nos tornar pessoas melhores.

O verdadeiro líder resiste ao impulso natural de ser cauteloso, ligeiramente diferente ou apenas um pouco melhor que os outros. Ele nos incentiva a fazer planos maiores e mais ousados para atender às expectativas, às esperanças e aos grandes sonhos de nossos clientes. Os líderes sabem criar uma cultura de exploração curiosa e criativa em que todos procuram descobrir e revelar valores fundamentais. São eles que nos ajudam a compreender como ser curiosos, abertos e brilhantes trabalhando em conjunto.

Os líderes reconhecem cada contribuição

Os verdadeiros líderes também são capazes de reconhecer a contribuição de cada um, importante ou modesta, e de agradecer a dedicação de todos. Graças a essa atitude, eles nos encorajam a ampliar nossa participação no esforço coletivo e nos desafiam a ir além de nossa zona de conforto para descobrir o gênio interior e estabelecer uma ligação poderosa com todos os demais gênios que nos cercam.

Os líderes erguem a tocha que ilumina nosso caminho durante a jornada que empreendemos para nos tornar pessoas melhores.

Nota Final

Os clientes são mais importantes que qualquer outra coisa. Eles são a razão da existência – pelo menos nos regimes democráticos – das organizações, das entidades sem fins lucrativos e das agências governamentais. Para manter a relevância perante seus clientes, você precisa compreender a evolução das necessidades deles, além de agregar continuamente valores fundamentais. Isso nunca será possível se você se restringir às mudanças progressivas ou apenas imitar as melhores práticas da concorrência. Para progredir, será necessário reinventar com freqüência o jogo em que sua empresa está envolvida. A melhor forma de fazer isso é a revelação da genialidade de seus colaboradores, que farão surgir um mundo de novas idéias que, uma vez adaptadas, terão muita importância para sua clientela.

As idéias se manifestam em toda parte, nos lugares previsíveis e também nos mais inesperados. Apresentei neste livro dez de minhas idéias preferidas, mas elas representam apenas um ponto de partida. Seja o que for que decida fazer, procure descobrir o melhor *insight* e aplicá-lo com talento e entusiasmo em sua atividade ou organização.

Você e seus colegas têm o poder de gerar sucesso crescente para seus clientes e, nesse processo, a capacidade de assegurar o próprio êxito futuro de sua empresa ou de seu negócio. Esse futuro pertence aos curiosos. Seu desafio é estar preparado quando as idéias e as oportunidades certas surgirem e permanecer aberto às possibilidades mais favoráveis às circunstâncias específicas de sua organização.

Tenha, portanto, a ousadia de acordar amanhã de olhos bem abertos. Ouse procurar oportunidades em cada canto. Ouse conversar com estranhos. Ouse fazer um milhão de perguntas e receber dez milhões de respostas. Ouse descobrir sua música interior e cantá-la bem alto na companhia de seus amigos. Ouse encontrar seu lugar na sinfonia de valores que você e sua empresa podem oferecer. Ouse, enfim, distinguir-se notavelmente no trabalho e na vida que escolheu.

Você tem, sem dúvida, muito mais chances futuras de vencer se procedeu até agora com habilidade e fez as coisas certas. O conhecimento profundo da clientela, a disposição de atender a suas necessidades e a oferta de produtos ou serviços relevantes – tudo isso favorece, hoje, uma posição futura muito mais privilegiada à medida que o moderno mundo globalizado girar mais e mais depressa. Mas isso não basta. A lealdade atual do cliente só se manterá se você for capaz de agregar maior valor amanhã. Em conseqüência, até mesmo as empresas de desempenho sofrível terão a oportunidade de reinventar a si mesmas e virar o jogo em seu favor. Não é fácil erguer-se do fundo do poço, mas tampouco é impossível. Cada um de nós tem a chance de vencer, mas o relógio do tempo bate mais depressa do que podemos imaginar. Agora é o momento ideal para passar a ver o mundo de modo diferente.

Com esses pensamentos finais, desejo a você uma jornada bem-sucedida. Não espere de mim um voto de boa sorte porque não acredito que venha a precisar dela. Há grandes idéias mais que suficientes à sua espera no mundo lá fora. Além do mais, faz muito tempo que sei estar cercado de gênios – e espero ter conseguido persuadi-lo disso também.

Que venham, portanto, a alegria e a magia!

Agradecimentos

Um dos maiores prazeres proporcionados por um projeto como o deste livro é a oportunidade de agradecer a todos aqueles cujas idéias e sugestões me ajudaram a dar forma a meu raciocínio.

Gostaria de dizer, a todos os clientes da Venture Works, que estou honrado por ter tido, em sua companhia, a chance de explorar, aprender e tentar oferecer maior valor àqueles a quem prestam serviços. Vocês são provas vivas de que estou cercado de gênios. Meus agradecimentos especiais a cada um.

Quero agradecer também de forma muito especial à empresa Marriott International pela oportunidade que me deu de testar muitas de minhas idéias em um programa voltado para os gerentes gerais de seus hotéis do mundo inteiro. A chance de trabalhar com tantas pessoas talentosas vindas de vários países e culturas foi um privilégio maravilhoso. Gostaria de agradecer particularmente a todos os que me desafiaram a aplicar meus conceitos ao fascinante e competitivo mundo da hospitalidade. Obrigado a Pat Stocker, consultora de desenvolvimento executivo da Marriott, pois sem sua abertura, sua curiosidade e seu entusiasmo esse programa não teria sido possível.

Agradeço a todos os colegas e amigos que compartilharam comigo suas idéias sobre genialidade, inovação e sucesso e também aos amigos e colegas da Leadership Washington e aos companheiros e sócios da Passion for Learning e da Primary Care Coalition.

Gostaria também de expressar minha gratidão sincera às pessoas cuja inspiração me ajudou a compreender seus ambientes e os gênios que neles encontrei. Meu obrigado especial a Thomas Scalea, Cindy Rivers, Ellen Plummer, Jane Aumick, Jennifer Merenda, Harold Hardinger, Robert Rosenthal, Benjamin Laughton e a toda a equipe do Centro de Pronto-socorro do hospital R. Adams Cowley. Agradeço também a John Karas e Ron Paulson, da Lockheed Martin, que me abriram as portas do universo da ciência espacial. E muito obrigado a Frederick Bigler e sua incrível equipe de assistentes do Ritz-Carlton.

Sou muito grato pela amizade e sabedoria de Jordan Lewis, uma das pessoas mais encantadoras e brilhantes que tive o privilégio de conhecer. Ele sempre contribui com idéias renovadoras e perguntas das mais instigantes, além de orientar muitos de meus conceitos ainda imaturos.

Estarei sempre em débito com John McKnight, um de meus conselheiros da Northwestern University. Mais de trinta anos depois de minha formatura, ainda somos amigos e continuo abençoado por seu notável conhecimento sobre o potencial e o valor real de pessoas e lugares que ficaram à margem da corrente principal de nossa sociedade e de nossa economia. Suas idéias ainda representam o aprendizado mais significativo que adquiri sobre genialidade em um *campus* universitário.

Agradeço a minha agente literária, Nancy Crossman, que desde o início acreditou neste projeto e sempre esteve pronta a me ajudar na tarefa de traduzir minhas idéias em palavras escritas que representassem alguma importância para os outros. Além de agente talentosa, ela se revelou uma amiga de grande valor.

Muito obrigado ao editor Peter Lynch, da Sourcebooks, conselheiro dedicado e atencioso, sempre presente ao longo de todo o processo, como todos os autores gostariam de ter. Ele representa um pequeno e essencial grupo do meio editorial sempre disposto a experimentar novas idéias de autores que ainda não se tornaram celebridades.

Quero também agradecer a Jill Danzig, publicitária que se revelou uma grande parceira na promoção deste livro. Seu conhecimento, suas idéias renovadoras, seu foco e sua determinação foram inestimáveis no esforço de chamar a atenção das pessoas certas no agitado e às vezes confuso mundo dos negócios editoriais e publicitários.

Minha gratidão, finalmente, aos principais participantes desta e de todas as etapas de minha vida – meus familiares. A minha esposa, Lisa, a mais incrível, carinhosa, atenta e inspiradora parceira que alguém poderia ter nesta grande viagem. A nossos filhos, Sara, Carly e Noah, cujos calor humano, bom humor, curiosidade, energia sem limites e entusiasmo pela vida são uma fonte contínua de alegria e inspiração.

Agradeço a meus pais, Norma e Ed Gregerman, que sempre estimularam em mim o desejo de viajar e compreender o mundo e são, ainda hoje, grandes companheiros de jornadas curtas e longas. Obrigado a minhas irmãs, Sandy e Helene Gregerman, cujos *insight,* curiosidade e carinho sempre serão uma parte essencial de minha vida.

As qualidades que os leitores encontrarem neste livro se devem, em larga medida, a todos vocês. As falhas são minhas.

Este livro foi impresso pela
Geográfica em papel *offset* 90 g.